リベラルアーツで学ぶ
ポストヒューマン

生駒夏美 編著

東信堂

目次／リベラルアーツで学ぶポストヒューマン

リベラルアーツで学ぶポストヒューマン

序章　ポストヒューマン時代のリベラルアーツ

生駒　夏美

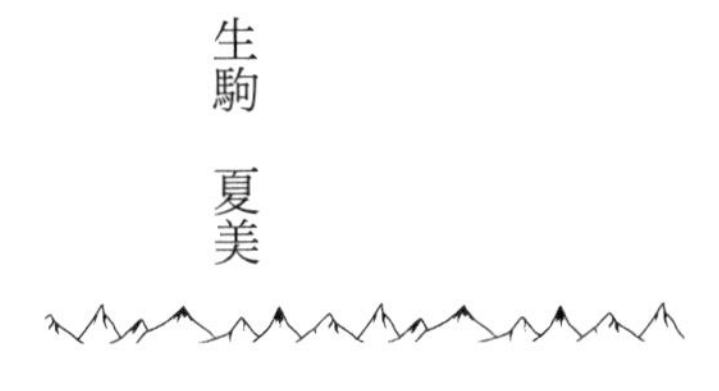

1. 人間とはなにか

人間とはなにか。このシンプルな問いに答えるのは容易ではない。ホモ・サピエンスという学名を持ち出したり、人間には心がある、人間は道具を作ることができる、人間は過去や現在、未来といった時間の流れの中に自分を位置づけることができる、などと「人間にしかない」と思われる特性を挙げたりしてみても、そのどれも「人間とはなにか」という質問に充分には答えられているとはいえない。人間がつくり出した分類法で人間を定義したところでその客観性には疑問が残るし、人間だけができることにしても、本当に人間「だけ」が持つ能力なのか疑問の余地がある。人間が知らないだけで、他の動物や植物などもそれらの能力を持っているかもしれないし、既に、あるいは遠くない未来に、ロボットやサイボーグができることも多いに違いないからだ。

定義が難しいためか、「人間は◯◯ではない」と否定形で定義されることの方が多いようである。神話や伝説では人間と獣の遭遇がしばしば描かれ、獣と異なって人間は賢いとか道徳的に優れているなど、「人間は獣ではない」と定義されてきた。しかし人間は動物の一種に過ぎないし、様々な類似点があるばかりか、むしろ人間の方が、爆弾を落として大量殺人をするなど、人間以外の動物よりよほど不道徳で邪悪だといえるぐらいだ。おとぎ話はことさらに動物を人間よりも低い存在として描いてきたが、これは明らかに我田引水、自画自賛である。

「人間は機械ではない」この否定形定義にしても、果たして人間は機械でないといえるのか、議論の余地がある。最近ではますます怪しくなってきていて、人工毛を手始めに、ペースメーカーや人工関節、人工角膜、義足、義手などがごく当たり前になっている。また人間は移動のために自転車や自動車、鉄道、飛行機などを用い、通信の手段として電話やメールを用い、文字を書いたり調べ物をするのにコンピュータを用い、インターネットで情報を得ている。個人情報はスマートフォンに収まっていて、もはや自分の電話番号や銀行口座番号などを頭で記憶している人はいないだろう。人間は記憶を、あるいは場合によっては頭脳そのものを外付けハードディスクにしているのだ。このように人間の活動が機械の補助なしでは成り立たないほどに人間と機械は一体化している。また生殖技術の発展によって「つくられる」人間も増加している。動物の身体の一部や細胞、微小な機械を医療的に利用することもある。人間と動物と機械は、もはやそんなにはっきりと分けることはできないのである。ロボットやサイボーグが空想ではなく確実に現実のものとなってきた一九八五年、ハラウェイ (Haraway, D.) が「サイボーグ・マニフェスト」を著し、人間の新しいモデルをサイボーグに見出し、本質主義的な人間観から離れようとしたのはこういったことを背景としている。

一方、人間の機械化は別な側面からも指摘されている。たとえばヴィルノ (Virno, P.) は、ベルトコンベアの工場で機械のように働く労働者はフォーディズム[1]時代から存在していたが、ポストフォーディズム[2]の戦後資本主義においては、工場労働者だけでなく、全ての人間が資本の獲得のために動員される労働者となり、全ての時間が資本獲得のために使用されることになったため、人間が「労働力」に成り下がり、人間らしい主体性や政治性を失ったと指摘している(二〇〇八、99-100)。人間は資本の奴隷となったのだ。グローバルな市場で資本のために国を出て移住することも当たり前となった。二〇一三年にはブライドッティ(Braidotti, R.)が「人間の概念が、現代の科学の進歩とグローバルな経済的懸念の複合的プレッシャーの下で爆発した」(2013, 1)と指摘しているが、その言葉の裏には資本に操られて動く人間という人間観がある。ブライドッティやハラウェイによれば、クローン羊のドリーが誕生してクローン人間の作成が技術的には不可能でなくなったことと、グローバル資本主義の進展によって人間の存在意義が労働力としてしか見出されなくなったことは、必ずしも別個の出来事ではない。サイボーグがますます人間に近づく一方で、人間もますます機械に近づいているのである。

このようなポストヒューマン的状況下の現代において、人間はなにものだと言えるだろうか。昔と変わった点はなにか。変わっていない部分はなにか。わたしたち人間(もしわたしたちがまだ人間なのだとすれば)はこのポストヒューマン的社会をどのように生きていけばよいのだろうか。

2. 歴史的な人間観を振り返る

人間は歴史の中でどのように定義されてきたか、まずは振り返ってみることにしよう。たとえばキリスト教の場合には、聖書の『創世記』の中で人間は神の似姿であるとされ、他の動物を支配する存在というふうに位置づけられる。

> 神は言われた。「我々にかたどり、我々に似せて、人を造ろう。そして海の魚、空の鳥、家畜、地の獣、地を這うもの全てを支配させよう。」神は御自分にかたどって人を創造された。神にかたどって創造された。男と女に創造された。神は彼らを祝福して言われた。「産めよ、増えよ、地に満ちて地を従わせよ。海の魚、空の鳥、地の上を這う生き物を全て支配せよ。」神は言われた。「見よ、全地に生える、種を持つ草と種を持つ実をつける木を、全てあなたたちに与えよう。それがあなたたちの食べ物となる。地の獣、空の鳥、地を這うものなど、全て命あるものにはあらゆる青草を食べさせよう。」（『創世記』第一章二六―三〇節）

人間とその他の生き物が分けて書かれているだけでなく、人間は他の動物よりも高等であることを示すかのように最後に創られたとされている。人間は神の似姿であり、神から他の生き物を「支配せよ」と命じられた特別な存在とされている。さらに「ノアの方舟」の話では、人間が動物たちを導いて洪水から逃れる姿も描かれる。人間は他の動物たちを導くリーダーなのである。

このように人間を特権化しているのはユダヤ・キリスト教だけではない。インド哲学・仏教においては輪廻転生が信じられているが、虫や動物としての生は低いレベルの生と位置づけられる。輪廻からの解脱は、人の生を生きている時に限り、善行を行ったり修行をしたりすることで到達可能とされている。イスラム教においても、他の動物と異なり人間だけが神に反抗できる選択肢を持っているとされている。いずれも人間を他の生き物に比べて特別な存在として位置づけているのである。

では宗教的な言説から離れて、科学的言説ではどのように説明されてきたか検討してみよう。動物学は古くは古代ギリシャ時代に始まっているものの、科学的に人間を説明するという行為はわずか数世紀前から始まったことには注意が必要だろう。急速に発展するのは科学革命を経て近代科学が成立した一七世紀以降となる。ポーランドのコペルニクス、ドイツのケプラー、イタリアのガリレイ、イングランドのニュートンらによって天動説から地動説への転換が起き、キリスト教的な世界観が覆されると、様々な技術革新が導かれることになる。これによって訪れるのが一七世紀後半から一八世紀にかけての啓蒙時代である。啓蒙時代には宗教的な言説が力を失い、聖書や神学といった従来の権威を離れ、理性による知によって世界を把握しようとする啓蒙思想がヨーロッパを席巻する。中世においては学問の中心は教会であったが、啓蒙時代には各種の学会が学術活動の中心となっていく。

人間についての科学的考察が始まったのはこうした時代である。啓蒙時代以前には、聖書に書かれていることを疑うことはよしとされていなかった。しかし科学的思考が地質学、天文学、古生物学、動物学、解剖学など各分野で発展してくると、次第に人間と動物の類似が明らかになり、人間も動物の一種なのではないかという論が登場する。また、聖書が語ってきたのとは異なる創世記、つまり地球の成立についての地質学上の知見や、恐竜などの絶滅した古生物についての知見が積み重なってくる。

このような科学的知識の積み重ねの中から、一九世紀イギリスのチャールズ・ダーウィン(Darwin, C.)の人間の定義、すなわち、人間は動物の中でも最高に進化したものである、という定義が登場してくるのである。よく知られているように、ダーウィンはビーグル号という測量船に乗ってガラパゴス諸島を訪れ、近代的な観察の手法で他の地域には見られない動植物を発見し、海によって大陸から隔てられている島の動植物が環境に応じて独自の進化を遂げたのではないかという仮説を立てた。「測量」をする船に乗船したという事実のみからでも、ダーウィンが啓蒙時代以降の科学の恩恵をふんだんに受けていることがわかるだろう。

進化の仮説を発展させて、ダーウィンはやがて人類がサルと祖先を同じくしているという仮説に行き着き、一八七一年には『人の由来と性に関連した選択』で多数の証拠を提示して人間と動物の精神的、肉体的連続性を示した。このような主張は一七世紀までのものとは大きく異なっている。なぜなら、それまで人間は動物とは大きく異なり、人間には神から特別に他の生き物を支配する権力が与えられていると信じられていたからである。おそらく現代の人間のほとんどは、ダーウィンの、人間も動物の一種であるが進化して今のよう能力を持つに至った、という仮説を「科学的」なものと信じているだろうが、一九世紀の人々にとってダーウィンの主張は衝撃的で冒涜的であった。

さて、では実際にダーウィンがどのように語っているかを見てみることにしよう。

この論文で到達した主要な結論、つまり人間は低級な生命体から派生しているということは、残念ながら多くの人にとって極めて受け入れ難いものだろう。［中略］人類が、有機物の尺度において頂点に登り詰めたこと（自らの努力によるのではないにせよ）について、いくらか誇りを感じても許されるだろう。人類がはじめから頂点に置かれていたのではなく、そこへ登ってきたということは、遠い未来にさらに高い運命へ向かう希望を抱かせるものでもある。［中略］私は自分のできる限りの証拠をお示ししてきた。高貴な特性の数々、落ちぶれた人への同情心、他の人ばかりでなくどんなささやかな生き物をも慈しむ善意、太陽系の構造や運動をも見通す神のごとき知性、それら全ての高尚な能力を持ち合わせた人類が、その身体の中に卑しい出自の拭えぬ痕跡を残していることは、認めざるをえないだろう。（Darwin 2004 [1879], 689）

この非常に回りくどい表現からは、ダーウィンが人々の反発に気を配っていることがわかる。『創世記』で描かれた神の似姿としての人間を全否定してしまうと大変な反発が来ることを予想して、人間が猿のような低い出自からこのように進化してきたということ自体に神の特別の恩寵が感じられる、それが神から人類に与えられた特権の証左であるというレトリックを用いている。

このレトリックが明らかにするのは、要するに人間の定義に関して進化論は、宗教的言説からさほど大きく異なった結論を導き出したわけではないという点である。人類をこの地球上にいる生物の中で進化の最高形態と位置づけることによって、進化論は聖書に書かれた人間による動植物の支配を否定するどころか、逆に正当化したのである。宗教的な「人間の優越性」とは異なっているものの、進化論はやはり「人間の優越性」を支える理論になったという点は押さえておきたいところである。

これ以降、ある意味「科学的に」人間の優越性が信じられるようになり、人間が動物や植物などを支配し管理することが正当化されていく。産業革命以降、医学の進歩もあって人口が爆発的に増加し、人間の優越という考え方は急速に広まっていく。人間は最高の進化形態であるから、動植物を食べ、利用する合理性があるという利己的な思考が、一九世紀以降大勢になっていく。聖書において人間は、神から与えられた特権の代わりに他の生き物を保護する役目や責任を負わされていたが、進化論以降はそのような責任論はどこかへ消え去ってしまう。

農業革命によって農作物や畜産物の生産はどんどん集約化し、大型化していく。増加する人間の食糧として地球上の生き物が大量に消費される時代が到来したのである。精肉や卵、牛乳、スーパーで売っているような食べ物のほとんどは集約的に作られている。進化論で人間も動物の一形態だという指摘が一瞬出たにもかかわらず、それはいつの間にか忘却され、動物も植物も全て人間が利用してよいものたちになっている。人間は発達する経済を支えるために、地球上のあらゆる場所を開発し、掘削し、化石燃料を使いまくった。森林を伐採し、河川の流れを変え、海を埋め立て、都市や工場を作った。人間は地球を自分たちのために利用し尽くした。

3. 人新世とポストヒューマン

二一世紀になって、人間の破壊的な地球利用を表す言葉として登場したのが「人新世（アントロポセン）」である。人類が地球の地質や生態系に与えた影響に注目して提案された地質時代区分名で、オゾンホールの研究者であるパウル・クルッツェン（Crutzen, P.）が中心になって二〇〇〇年にこの言葉が作られた。人新世の特徴は、地球温暖化や気候変動、大量絶滅による生物多様性の喪失、プラスチックなどの人工物質の増加、化石燃料の枯渇など人類の活動が原因とされる様々な事象にある。海に流入した細かいマイクロプラスチックの問題も聞いたことがあるだろう。回収しようのないマイクロプラスチックは魚に食べられ、巡り巡って人間に戻る点で問題化された。ゴミ問題としては、通常のゴミだけでなく核のゴミも非常に大きな問題になっているし、地球上にとどまらず、使用できなくなった人工衛星が地球の周囲に回収方法もないままゴミとなり浮いていることも大問題である。化石燃料では、石油が近い将来枯渇すると予想されていて、ガソリン車から電気自動車への転換が進められているが、発電のために天然ガスが用いられているなど矛盾したところも多い。また核実験による堆積物も地質に影響を与えていると言われている。

二〇世紀の半ばから環境汚染や気候変動の問題は注目されていたし、ゴミ問題や化石燃料の枯渇問題、また種の絶滅の恐れなども取り上げられていた。しかし、この「人新世」という言葉は、人間のこれまでのあらゆる活動が、それら全ての原因となっていて、地球にとてつもなく大きな悪影響を与えている事実を、わたしたちに気づかせた。地球に住む生物の一つに過ぎない人間が、産業活動や食べるという行為、寒い冬を暖かく過ごしたり自動車を走らせたりするために消費する化石燃料などによって地球環境を悪化させ、生物多様性を喪失させ、あらゆる生物に影響する環境破壊を引き起こしている。動物も植物もあらゆる生命体はこの地球という船に一緒に乗っている仲間なのだが、人間の活動によって、全てのものが生きていけないような状態に陥っている。集約型畜産業を倫理的によくないものと見なすベジタリアニズムやヴィーガニズムも広まってきた。人間は他の生命体にとって害悪でしかないという意識も共有されるようになり、ディストピア小説や映画などとして表現されるようになった。

「人新世」という言葉は、二〇世紀末から二一世紀初頭にかけて広がってきたそのようなネガティブな人間観を反映している。人間は他の生き物や地球にとって有害な存在であるとする人間観である。人間はもはや地球を支配する存在などではなく、自分たちの活動のせいで地球を危機に陥れた悪者である。人間は生物や地球を支配する座から降りて、他の生き物と対等な立場で暮らすべきだと考える人も増えている。この考えに呼応するように「ポストヒューマン」という言葉が盛んに使われるようになった。災後の世界を描く文学や映像作品では、核戦争など人間が支配欲を追求した結果引き起こされる人類絶滅が想像され、時には人間など絶滅した方がよいと示唆されたりもする。それらの作品では、人類が絶滅した後の時代、人類による地球支配が終わった後の世界が想像される。それは現在の人間の在り方を反省し、全てを自己の利益のために貪り尽くすのではなく、もっと別のあり方、他の生き物と共存共生していく方法の模索でもある。

ここまで、人間観の変遷を概観してきたが、それをよく表す四枚の図を見ていこう。

最初のもの（図0—1）は一五世紀にレオナルド・ダ・ヴィンチ（Leonardo da Vinci）によって描かれた「ウィトルウィウス的人体図」といわれるものだ。人体のプロポーションの法則を画像にしたもので、人体の完全性を示しているとされている。同時に人体から描き出したコスモグラフィア（宇宙像）ともいわれていて、当時の人間中心的世界観の表現ともなっている。

二枚目（図0—2）は「ウィトルウィウス的人体図」のパロディで、人間ではなく動物が中心に据えられている図。人間中心主義を嘲笑し批判するものとなっている。

三枚目（図0—3）は同じく「ウィトルウィウス的人体図」のパロディだが、中心に据えられているのはサイボーグである。ポストヒューマンの思想の背景には、もちろんテクノロジーの進歩がある。古来、人造人間やロボットへの恐怖はいくつも文学化されていて、短くない歴史がある。オヴィディウスの『変身』やシェリーの『フランケンシュタイン』、ヴィ

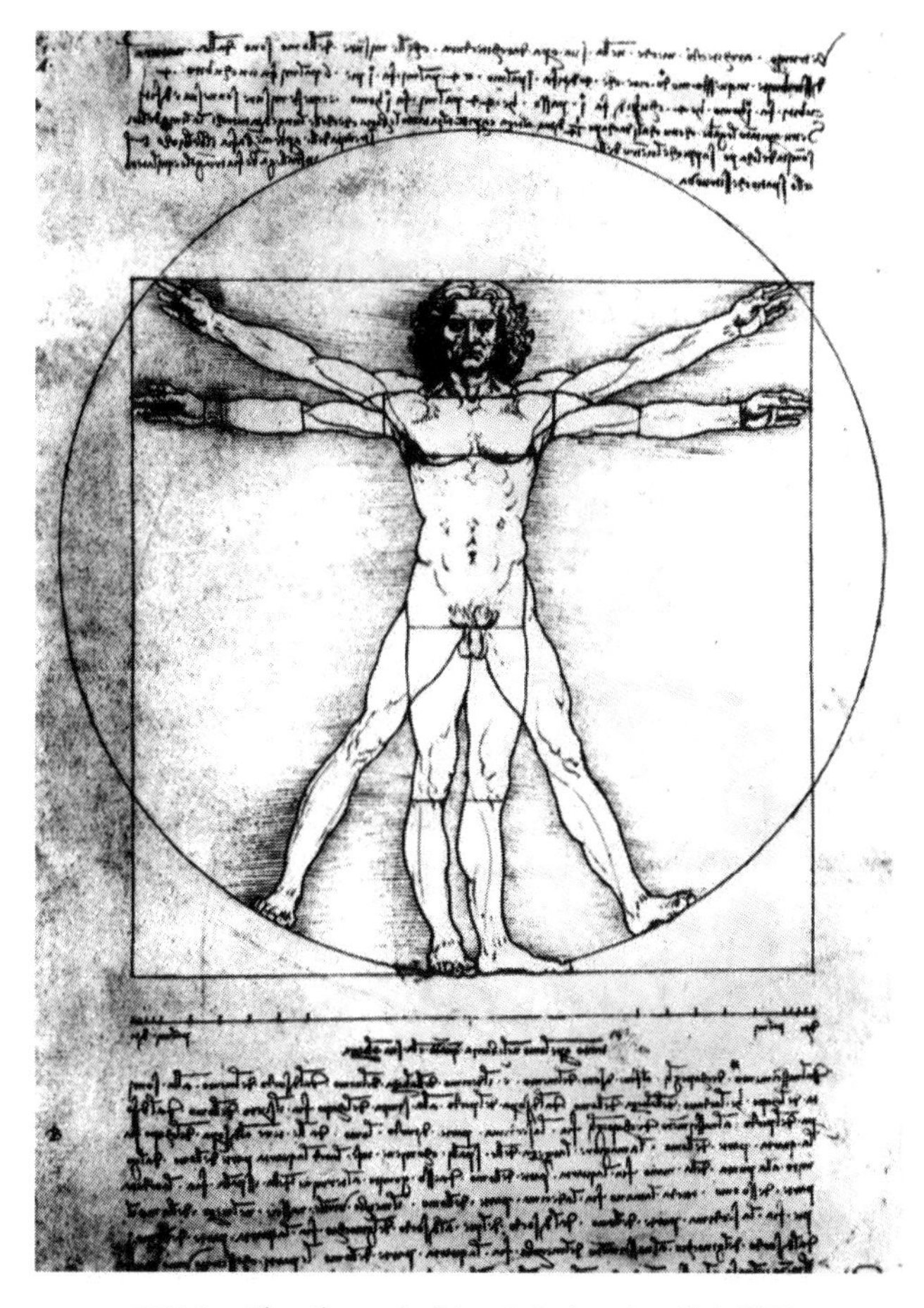

図 0–1　ダ・ヴィンチ「ウィトルウィウス的人体図」

（出典）Leonardo da Vinci（ca.1490）

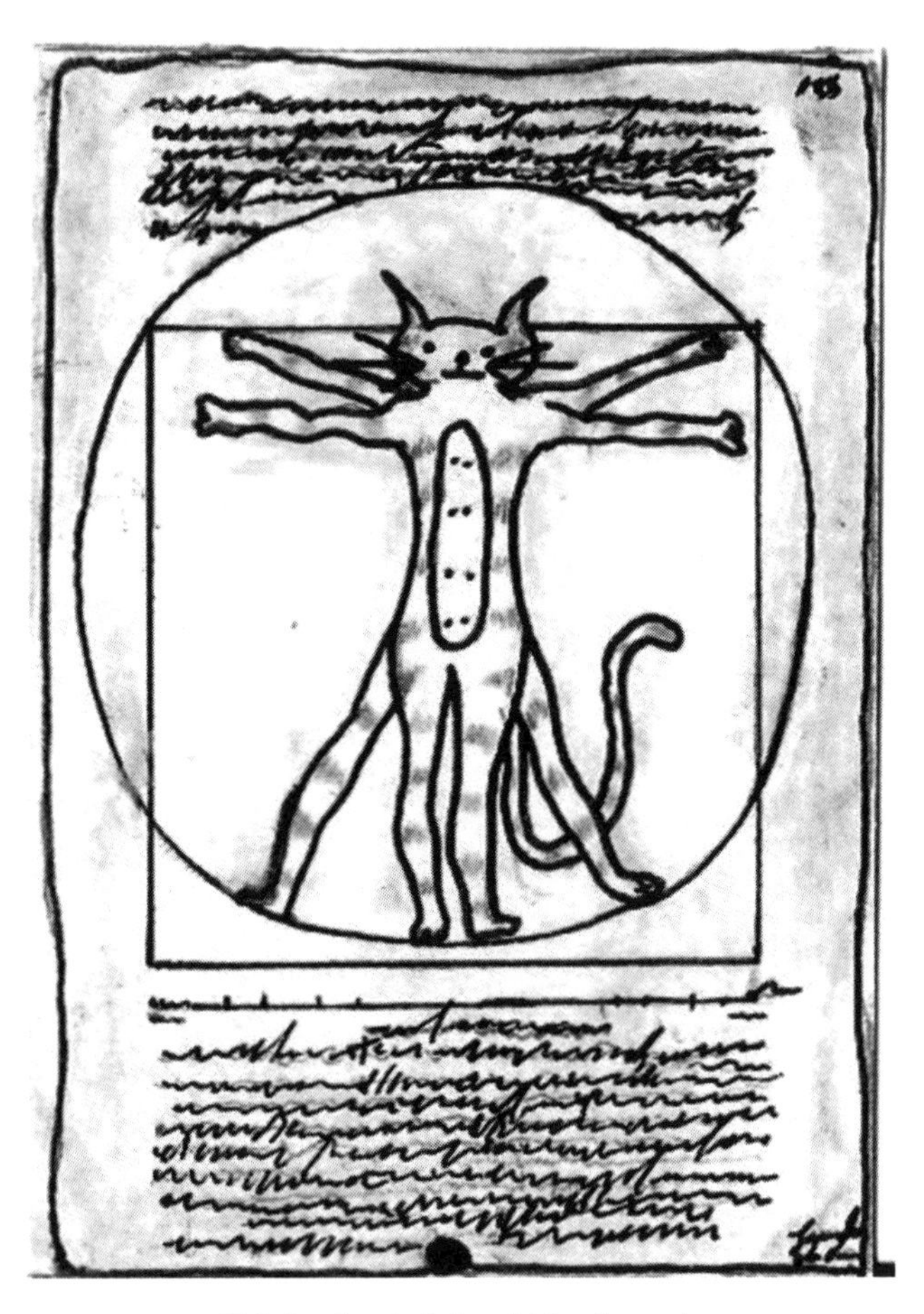

図 0–2　ウィトルウィウス・キャット

（出典）Pierre Molangi（2019）

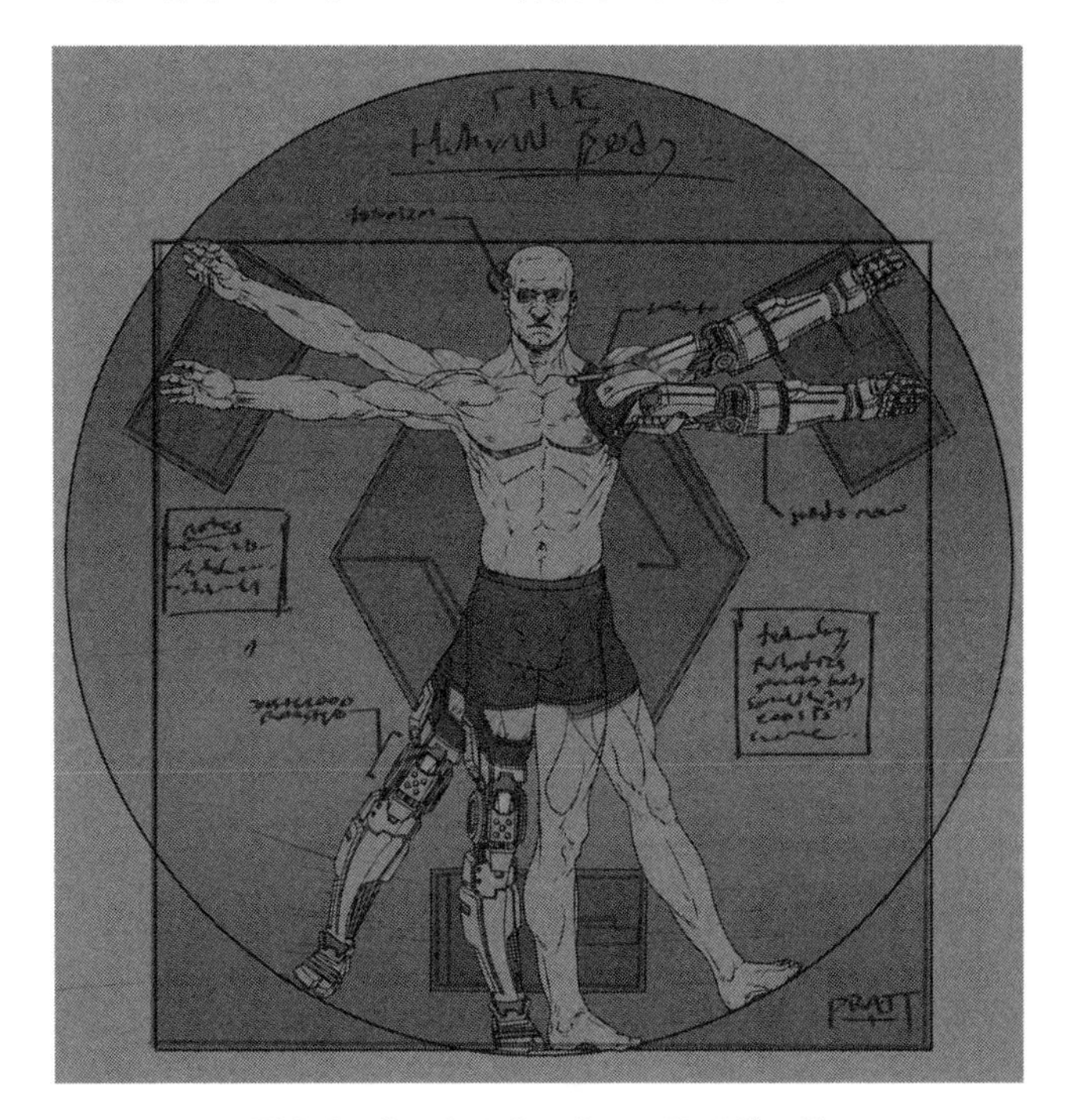

図 0-3　ウィトルウィウス・サイボーグ

（出典）Pratt-face（2016）

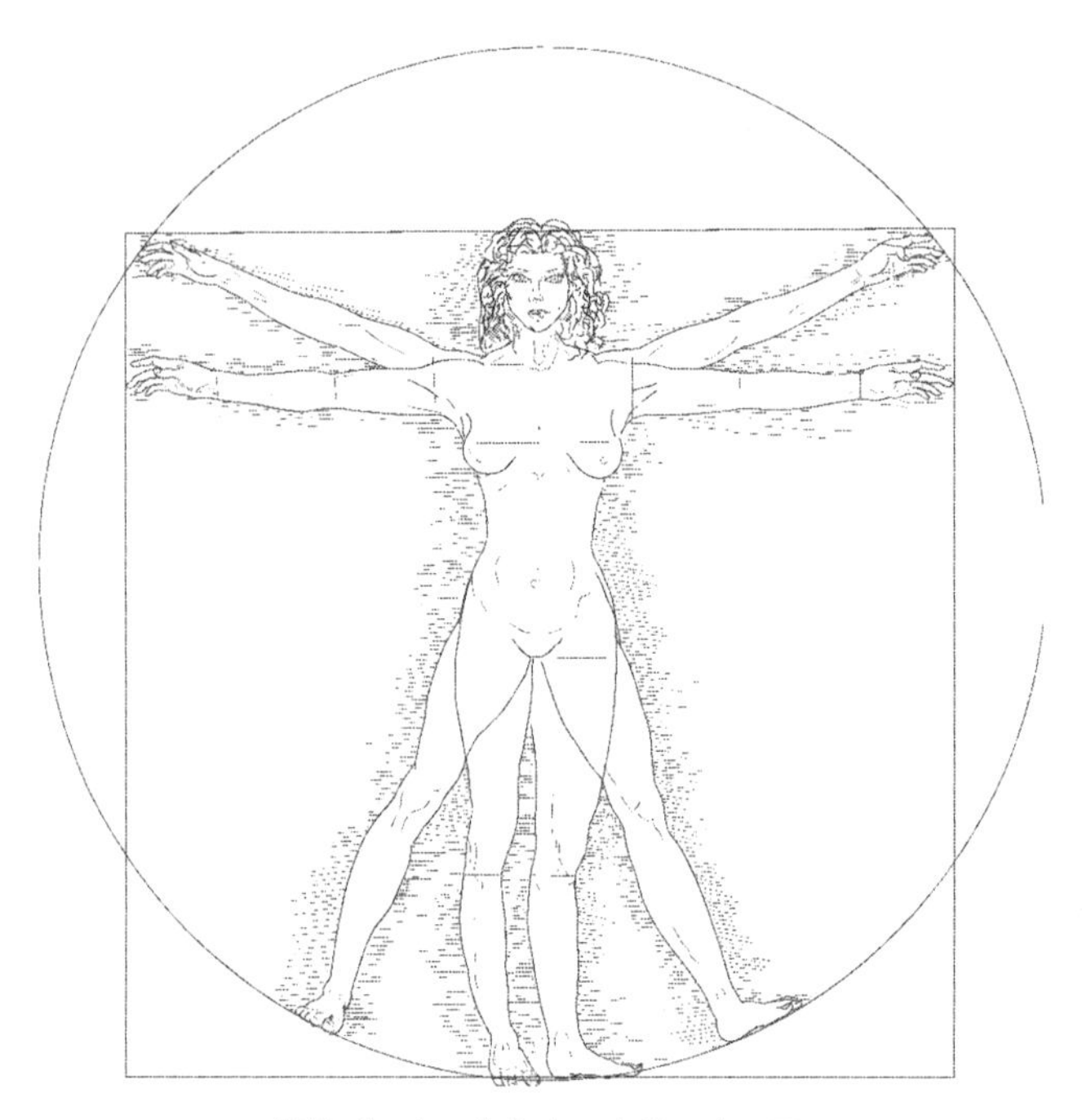

図 0-4　ウィトルウィウス・ウーマン

（出典）Glyph（2023）

リエ・ド・リラダンの『未来のイヴ』、ジョージ・バーナード・ショーの『メトセラへ還れ』などは、人間と非生物との境界線を揺るがし、生死や生殖にまつわるタブーを冒し、人間に根源的な不安を喚起する存在として、ロボットや人造人間などを描いてきた。二〇世紀後半以降、人工知能技術やロボット工学の進歩により、「本物の人間そっくりな機械」「人間の能力を超えたロボット」が現実のものとなった今日、以前にも増して多くの文学作品や映像作品がこのモチーフを扱っている。しかし以前は恐怖や嫌悪や不安が表現されるばかりであったのが、最近のロボット表象は変化してきている。人間よりも優れたロボットや人造人間の登場と、AIテクノロジーによって大きく変わる生活形態を待ちわびるかのような期待感がこめられた作品が増えてきているのだ。人間よりも優れた知能を持つAIロボットは現実のものになりつつある。人間とロボットがこれまでになく近接している現代において、人造人間たちは確実にわたしたちの文化的想像力をとらえている。

四枚目（図0―4）はダ・ヴィンチの絵の中心に女性を置いたパロディである。「ウィトルウィウス的人体図」では男性身体が「人体」を代表しているが、当然ながら人類の半分は女性身体を持っている。一九世紀末から始まったフェミニズム運動は、社会のあらゆる面での男性中心主義を批判し続けてきた。この絵には「人間」（Man）の中に女性が含まれてこなかったという批判が込められている。女性たちは人間中心主義が男性中心主義でもあることを指摘し、バイオロジーによって決定されない非本質的な人間観、つまりポストヒューマンを求めるようになった。その一つの形が前述したハラウェイの「サイボーグ・マニフェスト」である。バイオロジーに運命づけられないものの象徴としてハラウェイが賞揚したサイボーグは、旧来の人間中心主義やヨーロッパ中心主義、二元論的なジェンダーなどを解体するシンボルになることを期待された。ところが実際に大挙して登場したロボット表象は、図0―3にもあるように、多くが強い男性型ロボット（と性的魅力を提供する女性型ロボット）であって、むしろ旧来の二項対立的な価値観を再強化するものだった。日本社会でよく見られる女性型ロボットにも、サービスする女性ジェンダー観が露骨に表れ、固定的なジェンダー規範からの解放には程遠い。ブライドッティは、このようなサイボーグ表象から距離をおき、二項対立的ではない新しいポストヒューマン像を、フェミニズムの立場から作り上げることを呼びかけている。

このように、「ポストヒューマン」の思想には、地球環境問題への意識から来る反人間中心主義、テクノロジーの発展から来るＡＩロボットへの志向、フェミニズムから来る男性中心主義批判が渾然一体となっていて、その方向性も引き起こされる感情や意見も多種多様である。しかし、その混沌とした状況が現代の状況そのものであり、「人新世」に生きるわたしたちを取り巻く社会の様相なのである。操作され、混乱し、矛盾し、対立し、共有し、嫌悪し、追求しているわたしたちは、これまでの人間観を手放し修正して、よりよきポストヒューマンになることが果たしてできるだろうか。

4. 映画に描かれたポストヒューマン

ポストヒューマンについて考える際にヒントになる映像作品をいくつかここで紹介しておこう。ポストヒューマンという概念に馴染みがない場合に、まずこれらの映画を観ると論点のいくつかが掴めるだろう。最初に挙げたいのは『二〇〇一年宇宙の旅』である。スタンリー・キューブリック監督による一九六八年の作品で、古典的ポストヒューマン映画といえる。人類の進化や地球外生命体などを盛り込んだ壮大な物語となっているが、中心に置かれているのは人工知能と人間のやり取りである。人工知能が自分で考え始める時が来るか、人工知能が人間を超えることがあるかなど、現代のわたしたちが問うている問題を先取りしている作品である。

次に『ブレードランナー』を挙げておきたい。一九八二年制作のリドリー・スコット監督によるものである。優れた知能と体力を持つレプリカントが発明され使用されている未来社会を描いている。環境破壊により廃墟化した地球の描き方も予言的であるが、レプリカントに心が発生し自己認識があるなど、人工知能開発の行き着く先が示されている。同時に、人間とレプリカントの違いがテーマの一つとして批判的に考察されているので、ポストヒューマンを考える際には大いにヒントとなるだろう。続編の『ブレードランナー2049』では、さらにレプリカントの出産が取り上げられており、生殖技術の進歩や、ポストヒューマン時代のジェンダーやセクシュアリティについても考えさせる内容となっているのでこちらもおすすめだ。

『わたしを離さないで』は、本文でも取り上げるカズオ・イシグロによる同名小説の映画化で、二〇一〇年に公開された。不治の病に侵されても、クローン人間が提供する臓器の移植によって生き延びられる未来社会が描かれる。移植など医療技術の進歩によって、生命維持や延命が可能になってきているが、その一方で臓器売買や借り腹など、一部の人間は搾取され身体を奪われている。クローン人間の側からの語りによって、医療を巡る搾取の問題を深く考えるきっかけとなる。小説もおすすめだが、映画もよくできている。

もう一本は『エクス・マキナ』である。アレックス・ガーランド監督による二〇一四年制作のもの。心があると思わせるほど発達した人型ＡＩロボットと人間のやり取りを中軸に、女性型のＡＩロボットの性的搾取も取り上げられているなど、ジェンダー問題も扱っている。またＡＩとの恋愛も描かれ、ポストヒューマン時代のコミュニケーションや人間関係などの大きなテーマを考えることができる。

ポストヒューマン時代の恋愛やコミュニケーションについては『ｈｅｒ　世界でひとつの彼女』も示唆に富む内容である。二〇一三年制作のスパイク・ジョーンズ監督作品。人工知能ＯＳのサマンサに恋する男性を描いているが、現代のデジタルなコミュニケーションについて深く考えさせる内容となっている。

これらの作品は、遠くない未来に起こりうる出来事を想像してみせることで、現代のわたしたちの社会にある科学技術やコンピュータ依存を巡る危険性、問題点、搾取などをあぶり出し、人間の行き着く先について警告を発すると同時に、人間とは何か、人間の心とは、感情とは、愛とは何かを問うてくる。これらの映画は爽快な娯楽作品とは言いがたく、むしろ、視聴者は見ていて居心地が悪くなることも多いだろう。しかし、人工知能がすでに生活の一部に入り込んでいる現代において、これらの映画で描かれていることは決して絵空事ではない。もちろん、ここに挙げたもの以外にも多くのポストヒューマン作品が存在するので、思考実験として、あるいはごく近い未来の予想図として、色々な作品を鑑賞してみるとよいだろう。

5. リベラルアーツで考えるポストヒューマン

本書は二〇二三年度に開講された国際基督教大学の一般教育科目「特別講義：リベラルアーツから問うポストヒューマン論争」を元に構成されている。リベラルアーツは細分化する学問分野へのアンチテーゼとして存在し、学際的な知識に裏打ちされた俯瞰的な広い視野を持つことを目指している。深く専門化した末端分野は専門家にしかわからないが、そのような専門家には必ずしも見えていないのが全体像である。リベラルアーツはそのような現代の学術界の問題を乗り越えて、全体像を見ようとするアプローチである。ポストヒューマンの概念を考えるには、生命科学やコンピュータ工学、人文学、社会科学などの知見が必要で、このようなリベラルアーツ的実践には最適のトピックであろう。この授業では専門領域の異なる五名の教員が、それぞれの立場からポストヒューマンを巡る題材を提供し、学生たちと共に一学期間、がっぷり四つに組んで議論や対話を深めた。教員たちが繰り返し伝えたことは、わたしたちが提供できる情報や視点は、それだけが正解ではないという点である。物事の本質は多面的で立体的だが、それぞれの教員が伝えられるのは、一面から見た正面図や側面図に過ぎない。五名の教員が五つの方向から見た図を提供することで、立体的な像がある程度は浮かび上がってくるかもしれないが、それでも一面の足し合わせが立体にならないように、立体としての物事をとらえられたとは言えない。必要なことは、学生たちが自分たちで、さらに他の方向から見ようとしたり、あるいは中を切り崩してみたりすることによって、実体に近づこうと努力することなのである。

第1章では生駒夏美が「人間解体—わたしたちは怪物かもしれない」と題し、人文学の立場からポストヒューマン概念に迫る。女性たち、異形のものたち、非白人たち、被植民地の人間たち、奴隷たちなど、同じ権利を持つ「人間」とは見なされてこなかったものたちを扱った文学表象作品を例にとり、人間中心主義の解体を読み解き、そこに関係するジェンダーやセクシュアリティの観点を検証する。また生成系AIやSNSなど、ポストヒューマン時代のコミュニケーションに起こりつつある言葉の変容を指摘する。

第2章では毛利勝彦が「国際関係の地殻変動—変わる人間観と世界観」と題し、ポストヒューマン時代に国際関係がどのように変容するかを考える。人類は最も成功した生物種なのか。人類活動が引き起こす気候変動、新型コロナ感染症、ウクライナなどでの戦争など手に負えないほどの窮地に立たされた「絶滅危惧種」ではないのか。国際社会が協力して対応できなければ、自然が人類の未来を決定するだろうか。人類が地球全体に影響を及ぼした「人新世」はもうすぐ終わり、超知能が人類と協調して地球を維持する時代が始まるという見方もある。パリ協定前文に掲げられた「人権」と「母なる地球」の権利は両立するか。なぜ殺傷能力を持つドローンなどの兵器規制はできないのか。これらの疑問に対峙しながら、国際関係の地殻変動を考える。

第3章ではやまざきれきしゅうが「ニュートリノはニューロンの夢を見る?」と題し、量子物理学者の立場からポストヒューマンを考える。ポストヒューマン論争を生み出しているその張本人の一つである量子コンピュータは、その圧倒的計算パワーで将来のスーパーコンピュータとして期待されている量子力学の原理で動く開発中のコンピュータである。これらスパコンと人間との関係や「情報処理の特異点」とよばれるシンギュラリティの正体を、「非線形性」や「指数関数」という概念に焦点を当てながら考える。

第4章は小瀬博之が「ヒトはヒトを造れるか―生命科学における技術革新とポスト

ヒューマン」と題し、生物学の立場からポストヒューマンに迫る。ゲノム編集によってヒトの遺伝子をかなりの自由度で改変することができる時代に既になっている。しかし、合成生物学によって完全な人工生命体はまだ誕生していない。一方、生命の根幹に関わる分子(DNA)を純粋に試験管内で作り出す技術は存在する。人工生命体の実現が間近に迫っているようにも思えるが、そもそもゲノム情報(DNAの配列)はわたしたちのアイデンティティの全てなのだろうか問う。

第5章は森島泰則が「心は脳の産物なのか―コンピュータは心を作りだせるのか」と題し、心理学の立場からポストヒューマンを論じる。意識、自由意志、思考、感情など、総じて「心」は脳が作り出しているのか、それとも心によって脳がはたらくのか。心や意識が存在するなら、それは宇宙のどこにあるのか。心と脳とAIは本質的に同じなのか。AIが人間を凌駕することはできるのか。心理学や脳科学はこれらの問いにどう答えるのか、そもそも答えられるのか、これまでの研究成果から考える。

最後の第6章は、「対話　ポストヒューマン時代をどう生きるか」と題して、履修学生たちと教員たちの対話を収録した。様々な観点が飛び交い、リベラルアーツの醍醐味が味わえるものとなっている。

この授業には、最終的な結論は存在しない。ポストヒューマンは今の時代に生きるわたしたちが現在進行形で取り組まなければならない問題だからである。本書を通して、リベラルアーツの特長である多角的な視点と様々な意見との対話の醍醐味を体験し、この難しくて重要なトピックについて考え続けてもらいたい。本書がその手助けとなれば幸いである。

謝辞

本研究はＪＳＰＳ科研費 20K00528 の助成を受けたものです。また、本書の刊行にあたっては日本国際基督教大学財団（ＪＩＣＵＦ）の助成を受けたことを記して謝意を表します。

注

1　アメリカのフォード・モーター社が自社の自動車工場で行った管理的生産システム。中心にベルトコンベアがあり、その速度によって生産能率が決まる仕組み。

2　フォーディズムよりも柔軟でオープンな生産形態で、流行の商品をフレキシブルに生産する体制のこと。産業ロボットやコンピュータが用いられ、グローバルな情報社会を前提に、人間は必要に合わせてグローバルに移動することを求められるようになった。

引用参考文献

ヴィルノ、パオロ 二〇〇八『ポストフォーディズムの資本主義―社会科学と「ヒューマン・ネイチャー」』(柱本元彦訳) 人文書院

日本聖書協会 一九九六『聖書』(新共同訳) 日本聖書協会

Braidotti, Rosi. 2013. *The Posthuman*. Cambridge: Polity Press. (門林岳士監訳 二〇一九『ポストヒューマン―新しい人文学に向けて』フィルムアート社)

Darwin, Charles. 2004 [1879]. *The Descent of Man*. London: Penguin Books.

Glyph. 2023. Vector Vitruvian Woman. Shutterstock: https://www.shutterstock.com/image-vector/vector-vitruvian-woman-55246567.

Leonardo da Vinci. ca. 1490. L'Uomo Vitruviano, Wikimedia Commons. https://commons.wikimedia.org/wiki/Category:Vitruvian_Man_by_Leonardo_da_Vinc

Haraway, Donna. 1985. "Manifesto for Cyborgs: Science, Technology, and Socialist Feminism in the 1980s." *Socialist Review* 80: 65–108.

Molangi, Pierre. 2019. *Vitruvian Man: Cat*. Art & Picks by Pierre Molangi: https://www.facebook.com/PicksByPierre/photos/pb.100068853440921.-2207520000./10157568230303774/?type=3. Reproduced with Permission.

Pratt-face. 2016. *Da Vinci Robotics*. Deviant Art: https://www.deviantart.com/pratt-face/art/DaVinci-Robotics-587150583. Creative Commons Attribution-Noncommercial-No Derivative Works 3.0 License.

1章　人間解体——わたしたちは怪物かもしれない

生駒　夏美

「人新世」という新しい地質学区分が明るみに出したのは、人類が地球上のリソースや他の生命を好き勝手に利用し、地球のバランスを壊してきた事実である。自分たちを他の生物よりも優れていると思い込んだ人間たちによって、数多くの動植物が搾取され、絶滅したり、絶滅の危機に瀕したりしている。一方、人間は他の動植物のみならず、同じ種である人間たちの一部を「人間」と見なさずに、虐殺したり搾取したりもしてきた。歴史的に女性たち、異形のものたち、非白人たち、被植民地の人間たち、奴隷たちなどは、同じ権利を持つ「人間」とは見なされてこなかった。そんな「人間」はもう滅びた方がよいのではないか。人間中心主義に警鐘を鳴らす古今のポストヒューマン文学や表象作品を例にとり、人間中心主義を解体し、そこに関係するジェンダーやセクシュアリティの観点からポストヒューマンを検証しよう。

1. 怪物が人間を襲う物語

文学や映画作品は時代によって変化する人間観をくみ取るメディアである。人間中心主義批判の文学作品の一例として挙げられるのは一八五一年の『白鯨』というアメリカの作家ハーマン・メルヴィル（Merville, H.）の作品だ（図1―1）。

捕鯨船の船長エイハブは、自分の片脚を食いちぎった白い巨大鯨「モビー・ディック」への復讐に狂気の執念を燃やす。スリルに満ちた動物との闘いの挙げ句、人間は負けるのだが、この作品が商業捕鯨の盛んだった時代に書かれていることに注目すべきであろう。エイハブは動物を支配し、自らの優位性を確認する欲望に取り憑かれ、世界の涯まで鯨を

"Both jaws, like enormous shears, bit the craft completely in twain."

—*Page 510.*

図 1-1　人間を襲う白鯨

（出典）Burnham Shute Augustus（1892）

追う。一九世紀半ば、産業革命が進捗して人間の動物支配・利用が強まり、商業捕鯨によって鯨がどんどん狩られている時代にあって、エイハブは当時の人間の商業的な利益追求と、動物支配による優越性追求を象徴している。しかし、鯨はそんな欲にまみれた人間を凌駕するパワーを持ったものとして描かれているのである。

『白鯨』に限らず、人間を超える力を持つ動物が人間を襲ってくるという設定の物語は多い。例えばヒッチコック(Hitchcock, A.)の『鳥』という作品もその一例であるし、『グリズリー』や『キングコング』『ジョーズ』などの人気映画も動物が人間を襲ってくる設定だ。このような物語が生まれる背景には、動物支配や動物利用への潜在的な罪悪感やわだかまり、あるいは、動物にこんな仕打ちをしているといつか復讐されるのではないかという不安や懸念があるだろう。もっとも、資本主義社会においてはそのような懸念すらも、恐怖映画という娯楽となって消費されることが実に皮肉ではあるが。

もっと最近の『シン・ゴジラ』や『ジュラシック・パーク』などでは、人間の科学技術によって凶暴化した動物が描かれたり、本来ならば絶滅した存在が現代に甦って悲惨な結果をもたらす様子が描かれたりしている。これらの作品には、科学技術の進展がどのような結果を生むかという問題と動物支配の問題が混ざり合っていて、動物への恐怖のみが前提となった以前の表現とは少々次元が変わってきている。動物が襲ってくる設定の物語においては、恐ろしい生き物は最初から存在していたことになっている。しかし人間がつくり出した動物が襲ってくる物語において、怪物は元々はこの世に存在していない。人間が怪物をつくり出しているのである。

2．人間が怪物をつくる物語

怪物をつくり出したのが人間であることがはっきりと明示された、反人間中心主義的ポストヒューマンの物語は、実は最近になって初めて書かれた訳ではなく、一八一八年に発表された『フランケンシュタイン』にまで遡ることができる。この小説は、現代のポストヒューマンの思想に深く関係しているので、ここで詳しく見てみることとしよう。

『フランケンシュタイン』(図1―2) については誤解している人が多いのだが、巨大な怪物がフランケンシュタインなのではなくて、怪物を作り出した科学者の名がフランケンシュタインなのである。作家はイギリスのメアリー・シェリー (Shelley, M.) という女性作家だ。フランケンシュタイン博士は当時の解剖学者をモデルに造形されている。序章で一七世紀

図 1-2 『フランケンシュタイン』1831 年版のイラスト

（出典）Theodor von Holst（1831）

に科学革命が起き、宗教の規範が弱まった啓蒙時代に様々な領域で学問の進展があったことを概説したが、イギリスでは一八世紀後半から一九世紀初頭に「外科医学の父」と呼ばれる著名な解剖学者ジョン・ハンター（Hunter, J.）が活躍し、解剖学が特に大きく発展をした。それまではそもそも人間の体の仕組みがよく知られていなかったため、現代のような外科手術は存在していなかった。病気になると血の巡りが悪いと診断され、膝の裏の血管を開くなどして血を抜く「瀉血」という行為が治療として行われていた。これを変えたのがジョン・ハンターで、大量の解剖を行って人体の構造を明らかにしたのである（Moore 2006）。

ハンターら解剖学者たちは、当初、死刑囚の遺体を合法的にもらい受けて解剖していたが、やがて遺体の数が不足したために、墓地に埋葬された遺体を違法に掘り出してきて用いるようになった。解剖学者自身が盗掘に関係することもあったようだが、主に盗掘業者（犯罪人）に外注された。業者は新しい遺体を狙い、前夜に埋葬されたばかりの遺体を掘り出しては、ハンターのような解剖学者に高値で売却していた。この時代、解剖学が流行して盗掘業者たちの儲けは大きかったようで、中には殺人をしてその遺体を売ったものもいて騒ぎとなった。

メアリー・シェリーが生きた時代はこのような時代であった。遺体の盗掘が社会問題となり、解剖学者は「悪魔の化身」であるかのように人々から糾弾されていた。しかし掘り出される遺体は、セキュリティの堅固な墓地を利用できる上流階級の遺体ではなく、共同墓地を利用するほかない貧民層の遺体であったことから、解剖学についての意見は分断されていた。人体の構造を明らかにする解剖学は非常に刺激的で、当時の知識階級（盗掘の被害に遭うことはほぼない階層）からは熱狂的に支持されており、一般に公開された解剖学の実習は上流階級から多くの観客を集めてエンターテインメント化していた。遺体の筋肉を取り出してそれに電流を流すとピクッと動くという実験も並行して行われて人気となっていて、人間の生命の仕組みに電流が関係しているという仮説が有力視されていた。

それまでは男性の臓器をひっくり返したものが女性の体内に入っていると思われていたのが、人間の内臓の位置や形、働きなどが解明され、男性と女性の臓器の種類に違いがあるとわかったのもこの時代であった。ジョン・ハンターと兄ウィリアムは妊婦の遺体の解剖を行い、妊娠の経過を初めて解剖学的に明らかにした。人体の構造に関する人々の好奇心は大いに掻き立てられていた。一方で、女性の身体を公に晒すことはタブー視されていたので、遺体であっても女性の遺体を公衆の面前で解剖したり、妊婦の遺体を解剖したりすることには人々の抵抗も大きかった。

フランケンシュタイン博士は、まさにそのような社会的議論のさなかの解剖学者として造形されている。彼は生命の秘密の探究に取り憑かれ、遺体安置所や墓場に夜な夜な通い詰めて遺体を集める。博士の目的は、複数の遺体のパーツをつなぎ合わせ、世にも美しい、そして人間よりも優れた身体能力を持つスーパーヒューマン（あるいはポストヒューマンと呼んでもよいだろう）をつくって生命を吹き込むというものだった。

電流を流して、実験は成功する。ところが目を開けたその人造人間は美しいどころか、世にもおぞましい姿で、フランケンシュタイン博士はあまりの恐ろしさにその場を逃げ去ってしまう。自分が望んで産んだ子を醜いから捨ててしまった、子捨ての物語として読むこともできる。捨てられた人造人間は名前も与えられず、クリーチャーあるいはモンスターと呼ばれるが、全く訳もわからぬまま、自分で食べられるものを見つけては食べ、なんとか生きていく。そのうちに、他の人間には親がいるけれど自分にはいないこと、また自分を見る人間がことごとく逃げ出したり石を投げたりしてくることに気づく。迫害され苦しみながら、クリーチャーは自力で言語能力を身につけ、本を読み、やがて自分をつくり出したのがフランケンシュタインという科学者であるということを知り、復讐を開始する。

フランケンシュタイン博士の目的は人間の生命の秘密を知り、自分で生命をつくり出すことであった。一八世紀末から一九世紀にかけて、実際に多くの科学者が抱いた野望だ。解剖学の知識を使って遺体をうまくつなぎ合わせて動かしたいという野望は、プラモデルをつくって動かしたいという欲望と似ているかもしれない。一方でフランケンシュタインはより優れた人間をつくりたいという欲望をも吐露している。より大きく強く、生命力があり、身体能力が高いポストヒューマンを、科学の力によってつくり出そうとしていたのだ。人工的に生命をつくり出した末に、人間よりもはるかに身体的能力の優れたポストヒューマンが誕生し、人間の存在を脅かすという点から考えると、この小説は『ブレードランナー』や『エクス・マキナ』などAIロボット系文学や映画作品の祖先ということができる。

物語が提示するのは、そのようなフランケンシュタインの野望がいかに自己本位のものであるかということである。つくり出されたクリーチャーがどのように感じるかという視点がすっぽり欠けている。つくる、つくれる、という全能感に夢中になって、できあがったものが一体どういう存在になるか、人間界にどのように馴染んで生きていけるのか、という想像力が足りていない。また『フランケンシュタイン』は異質な怪物を差別する人間たちの姿を詳細に描き出してもいる。クリーチャーは、自分は善なる心を持って生まれたにもかかわらず迫害され、苛められる中でだんだんと復讐心をもつようになってしまったと独白する。

この物語には様々なイシューが込められている。生殖医療や臓器移植の倫理性を考える際にもヒントになるだろう。当時の社会背景を含めて考えれば、フランケンシュタインが利用した遺体は貧民たちの遺体だったことになる。貧民たちの遺体を掘り出してきて繋ぎ合わせ、勝手に生き返らせたのだ。生き返らされた人たちは、それを求めていたのだろうか。近年、豚やマントヒヒの心臓を人間に移植したというニュースが流れたが、利用された豚やマントヒヒはどう思っているだろうか。子を持てない夫婦を助ける生殖技術の中に代理母があるが、これも他者身体を利用するシステムである。多くの場合、先進国のカップルが貧しい国の女性に金銭を支払い、借り腹をする。ここには大きな道義的問題がある。またクローン技術や遺伝子操作にしても、より寿命の長い、病気のない人間をつくるために、一体何がどこまで許されるか。またそうしてつくられた人間たちは、一体どのように自分たちのことを考えるのか。クローン技術が実際にある社会に生きているわたしたちは、クローン人間をどのように受け入れるのか。自分の命を永らえさせるために他の人間あるいは動物を、搾取してよいものなのか。対価を払えば搾取していないことになるのか。彼らに選択の権利はあるのか。声を上げることはできるのか。『フランケンシュタイン』の時代に解剖に使われた身体は貧民階級の人たちであった訳だが、彼らのほとんどは文字も読めず、自己の権利の主張ができない立場に置かれていた。このように考えると、クリーチャーがフランケンシュタイン博士を非難する「命をもてあそぶな」という言葉は、利用された貧民たちの代弁として読むこともできるのである。

3. 提供される身体と差別

他者の身体を利用する臓器移植や借り腹、代理母などの問題系を、現代の物語として描いているのがカズオ・イシグロ (Ishiguro, K.) の『わたしを離さないで』である。臓器移植のためにクローンとして培養されている人間の物語が、クローンの視点から語られる。オリジナルの人間が病気になった時に移植する臓器を提供する身体として作られているクローンたちは物語の中で、今日はこの臓器を取られた、今日は別の臓器というように、一つずつ臓器を失い、やがては命を落とすことになる。クローンとはいえど、語り手たちは感情も知性も持ち合わせた人間として描かれるため、読者は彼らに命を提供させる臓器移植のあり方の非道に震撼する。

クローン人間を養殖して臓器移植のために使うということまでは現在行われていないものの、羊のドリーで証明されたように技術的には不可能ではない段階まできているし、人間同士や人間と他の動物の間での臓器移植は既になされているので決して根拠のない夢物語ではない。人間同士の臓器移植の場合、現時点では、本人あるいは家族の了解をある程度は得ることになっている（最もその「了解」や「合意」が金にものを言わせた強制の場合もあるので、了解があるからよいということにはならない）。しかし動物からの臓器移植に関して言えば、マントヒヒや豚からの同意は得られていない。また日常的に動物は食物として人間に身体を提供させられているのであるが、これについても同意は確実に得られていない。肉食については、野生の動物を狩って食べることは、その動物の絶滅を招くのでよくないという論がある一方、人間が人間の食料のために動物を繁殖させ、いわば培養して食べるのであれば、食べるためにつくり出されているものだから問題はない、という論もある。イシグロの小説のクローンたちはまさに臓器移植のために培養された存在である。ならば彼らの臓器が移植に供されても、倫理的に問題はないのだろうか。それとも臓器を供するのが動物ではなく人間だと、突然問題視されるのだろうか。イシグロの小説は様々な問いを突きつける。

イシグロの小説は、同じ人間でありながら一部の人間が「臓器を提供する身体」として搾取される様子を極限の形で描き出した。文学の特長の一つは、声をあげることのできない他者の声を、このように想像の世界で響かせられることにある。存在しないことになっている誰かや、見えないことにされている誰かの姿をまざまざと映し出し、読者の意識に顕在化させることができるのである。

この物語でクローンたちは「人間」として扱われない。人類の歴史においては、肉体労働やセックスワークなど、身体性と強く結びつけられてきた一定の人間たち、例えば奴隷や貧民労働者たち、病者、障がい者、ユダヤ人、同性愛者たちなどが、この小説のクローンたちと同じように「普通の人間」として扱われずに差別されてきた。植民地の原住民たちは同じ人間だと見なされず、労働力として別の大陸に運ばれ使われてきた歴史がある。家畜のように、あるいは荷物のように扱われ、イシグロの小説におけるクローンたちと大して違わない、あるいはもっとひどい扱いをされてきた。近年アメリカ合衆国で、アフリカンアメリカンの人たちが中心となり、警察官からの暴力に抗議して Black Lives Matters（黒人の命も白人の命と同じように重要だ）という主張を掲げた。その背後にはアフリカンアメリカンの命がいまだに尊重されていない現実がある。日本でも朝鮮人や中国人を日本に強制的に連れてきて労働に従事させてきた過去があり、今でも差別が続いている。

従軍慰安婦たちもひどいバッシングを受けている。戦時中の日本軍のしてきた非道を認めたくない否定の気持ち、恥、外国人差別と女性差別、さらにはセックスワーカー差別が入り混じってのバッシングだろうか。金銭の対価としてセックスを提供することに対しての侮蔑意識は現代でも強くあり、コロナ禍での休業補償がセックスワーカーは対象外だったことは記憶に新しい。同じ労働者で、同じようにコロナ禍での休業を余儀なくされているにもかかわらず、セックスワーカーには休業補償が出なかったことを合理的に説明できるものではない。

金銭と引き換えに身体を提供するもの（購入するものではなく）に対して、なぜか人間は差別の眼差しを向ける。慰安婦、セックスワーカー、臓器売買で臓器を提供するもの、日雇労働者、外国人労働者などがその範疇に入ってくる。しかしオフィスで働いて賃金を受け取るのと、身体を使って賃金を受け取るのと、どこが異なるのだろうか。ブルーワーカーがホワイトワーカーよりも低く見られるのはなぜか。どちらも突き詰めれば身体を使って賃金を受け取る労働に変わりはないのに、なぜこれらの労働は低く見られるのか。頭脳と肉体を切り離して考え、頭脳をより重視する考え方は、人間中心主義の根幹に横たわっている。

第二次大戦中にはナチスによってユダヤ人大量虐殺が行われた。ユダヤ人であるというだけで投獄され、ガス室へ送られたのだが、これについては宗教に基づく人種差別だけではなく、移住者や移住労働者への差別という要素があったことが指摘されている。ユダヤ人たちは、イスラエルが建国されるまでは自分たちの国を持たない流浪の民であった。世界のさまざまな土地にユダヤ人たちは移住して暮らしてきたのである。ユダヤ人に限らず、移住者は至る所で差別されていたが、特にユダヤ民族は商才に長け成功を収める人が多かったことも、やっかまれる原因であったと言われている。

ブラム・ストーカー（Stoker, B.）の『ドラキュラ』という吸血鬼を描いた作品には、ユダヤ人差別が書き込まれていると分析されている。ドラキュラ伯爵はトランシルヴァニアからやってきた外国人として設定され、彼の毒牙にかかったイギリス人女性たちが次々に吸血鬼へと変貌していく。外国から妙な病原菌が入ってきてイギリス全体に広がってしまうという、当時の懸念を反映していると言われている。一方『ドラキュラ』には、混血、つまり外国人男性とイギリス人女性の結婚によって純粋なイギリス人が減ってしまうという外国人嫌悪（ゼノフォビア）が見られる。実際、この物語の中で、女性たちとドラキュラの関係は極めて性的に描写されている。

『ドラキュラ』は何度も繰り返し映画化され、映画化されるうちにドラキュラ伯爵は鷲鼻で目が寄った風貌として描かれるようになった。この風貌はユダヤ人のステレオタイプ的なイメージであり、当時広まっていたユダヤ人差別が反映されていると言われている。外国からやってきて、イギリスの労働市場を席巻し、やがては自分たちの仕事を奪っていくのではないか。そのような狭量なゼノフォビアが感じられるのである。

現代ではユダヤ人だけでなく、いろいろな地域の労働者がよりよい経済状況を求めて移住する事象がグローバルに見られ、外国人移住者差別と人種差別が重なり合ったような事態が各地で起こっている。日本でも移住労働者（特に不法滞在の）はしばしば非人間的な扱いを受けている。技能実習制度でベトナムやフィリピンから来た労働者が、人権を無視したひどい労働環境に置かれ、不法滞在の外国人たちが入国管理局によって長期に渡り拘束され、人権を侵害されている。ヤフーニュース・コメントなどを見ると、不法滞在の外国人労働者は日本から追い出せ、人権を認めるな、強制送還させられて当然だ、などという、極めて陣地主義的かつ外国人差別主義的な意見で溢れている。

女性も「人間とみなされてこなかったものたち」である。人間を英語に訳すとManとなる。ウィトルウィウス的人体図も男性である。これまで第一義的な人間として描かれてきたのは男性であって、女性は二次的な劣位の性とされてきた。今でも世界各地で女性に参政権がなかったり、教育が受けられなかったりしている。日本でも女性に参政権が与えられたのは一九四六年、つまり第二次大戦後のことである。二〇二三年の日本のジェンダーギャップ指数は世界一二五位と最低レベルだ。教育レベルや健康に男女差はほとんど見られないものの、経済と政治面での格差が非常に大きい。女性は未だ半人前、二流の人間扱いされている状態であることを忘れてはならない。

男女差別の根幹にも、身体や性との関係があると考えられる。男性中心主義体制の中で男性が標準であり、女性は性的な対象と見られ、扱われてきた。女性は男性よりも「より身体的な存在」と見なされてきたのである。『ドラキュラ』においても、吸血鬼の毒牙にかかるのは女性たちである。ドラキュラを退治して危機に瀕したイギリスを救う勇敢で賢明な男性たちの活躍が描かれ、女性たちの性的・道徳的・精神的弱さが強調されている。ブレイドッティの著書『ポストヒューマン』(英語版)の表紙には、ウィトルウィウス的人体図のパロディで、男性の代わりに女性を中心に置いている絵が用いられている。人間中心主義を解体するには、男性中心主義をも解体する必要があるということが示唆されている。

二節で扱った『フランケンシュタイン』に戻ると、フランケンシュタインがクリーチャーに要求されてメスを作る場面がある。だが完成の直前、フランケンシュタインはメスを破壊してしまう。クリーチャーとメスがつがいとなって繁殖することを恐れたのである。フランケンシュタインにとってメスは、クリーチャーの「性」の相手という意味合いしか持たず、精神性の考慮には値しない存在であったことがわかる。フランケンシュタインの破壊行為は、クリーチャーが繁殖できないようにしたという意味では強制去勢・強制不妊であるし、クリーチャーの種を未来永劫絶滅させるという意味ではジェノサイドである。ナチスのユダヤ人虐殺や、ごく近年まで日本でおこなわれていた障がい者への強制不妊手術を持ち出すまでもなく、科学の名のもとに優生学が差別の温床となったことを、この小説はわたしたちに思い出させる。文学はこうして、人間が他者に対していかに残酷な怪物であるかを突きつけてくる。

4. ファンタジーの批評力

怪物が登場する文学作品は一般にファンタジーと呼ばれることが多いが、ローズマリー・ジャクソン（Jackson, R.）はファンタジーについて「ファンタスティックは文化の中で語られないもの、見られないものを辿る。沈黙させられ、見えなくされ、隠蔽され、不在とされてきたものを明らかにする」（1981, 4）と書いている。確かに怪物の表象をよくよく見ると、人間がどのような存在を「非人間」として扱ってきたかが見えてくる。異形のもの、身体を供するもの、労働者、性的他者など、何かしら身体と結びつけられる存在が「人間ではないもの」として差別をされてきたのだ。ゴシック小説やファンタジーなどのジャンルの文学作品は、今でも現実社会で抑圧され差別されているものを浮かび上がらせる役割を担っており、差別という怪物的所業を行う人間の姿を炙り出す。

ジャクソンはファンタジーの世界を鏡の向こう側の「近軸領域」と表現し、次のように説明する。

近軸領域というのは、光線が屈折の後のある点で統合されるかのように見える範囲のことである。この領域では物体とその像が一致するように見えるが、実際には物体も再構築された像のどちらもそこには存在していない。何ものも、そこには存在しない。近軸領域は、ファンタスティックな語りの怪奇領域を表しているとも言える。ファンタスティックの想像世界は、完全に「現実」つまり物体でもなく、完全に「非現実」つまりイメージでもなく、この二つの間のどこかに位置している。(Jackson 1981, 19)

ゴシック小説やファンタジー文学の作者に女性が多いことはご存知だろうか。メアリー・シェリーも女性だが、現代でも多くの女性たちがファンタスティックの手法を用いて、ジャクソンの言う「沈黙させられ、見えなくされ、隠蔽され、不在とされてきたもの」を明るみに出す語りを追求していることは注目すべき点である。

例えばイギリスの現代作家アンジェラ・カーター(Carter, A.)が書いた「ウルフ・アリス」という作品がある。この作品は「人間」とは何者なのか、誰が「非人間」とされるかに真正面から取り組んでいる。「狼少女」、つまり幼い頃になんらかの事情で狼に育てられた人間の娘と、「狼男」、つまり満月の夜に狼に変身するとされる怪物が主な登場人物だ。娘は最近になって人間に保護されたものの、再人間化教育が失敗に終わり、「狼男」と噂される侯爵の屋敷に捨て置かれる。

冒頭から、この娘は遺伝的・身体的には人間でありながら、村人たちによって「人間」の範疇外に置かれたことが明示される。人間の言葉を介さず、人間の習慣や恥の概念を持たない彼女を、村人たちは「人間」として扱うことができずに捨てるのであって、村人たちが娘を「怪物」にしたことがはっきりと書かれている。しかし物語は彼女を怪物としてではなく「絶対的な獣のイノセンスに守られた、静謐で不可侵な存在」(Carter 1995[1979], 123)と描写する。彼女は他の村人たちのように「狼男」をおそれたり仲間はずれにしたりしない、罪のないイノセントな存在なのだ。ここには人間社会に存在する差別への痛烈な批判が込められている。

一方、「狼男」とは、古来の伝説とキリスト教が結びつき、中世ヨーロッパで異端者や教会権威に逆らった人につけられたレッテルだ。必ずしも狼とは関係なく、墓荒らしや教会に対する罪を犯すと「狼」と呼ばれ、追放刑となった(ラガッシュ一九八九、一〇九―一一五)。また、毛が大量に生える病気の患者や、狂犬病やダウン症の患者なども「狼男」とされて処刑された。まさに「人間に含まれてこなかった人々」である。物語において、「狼男」とされる侯爵の姿は鏡に映らない。ジャクソンが述べたところの鏡の向こう側の世界に追放されてしまい、現実社会には居場所がないことを示している。

物語の中で「狼男」は、墓場をうろついているところを村人たちに撃たれてしまう。「狼男」を恐れることのない狼少女は、彼の傷口を舐める。すると、今まで鏡に映らなかった彼の顔が、映り始めるのだ。ラストシーンには「彼女の柔らかく湿った優しい舌が侯爵の顔を生じさせた」(Carter 1995 [1979], 126) とある。人間社会の周縁に追放されたこの二人(「狼少女」と「狼男」)は、人間社会の残酷な差別とは異なる優しいコミュニティを形成したのである。この短編小説では、怪物をつくり出す人間の愚かさや残酷さに対して、「怪物」とされるものの優しい「人間性」が描かれている。「人間」とされているものが解体されているのである。

映画『ブレードランナー』や『エクス・マキナ』では、ＡＩロボットが心を持つようになった世界が描かれるが、そこでも人間の方の残酷さが描かれ、むしろＡＩロボットに人間性が見出されている。特に『エクス・マキナ』では、性奴隷として作成された女性型ロボット(究極の性労働者的身体)が自由を獲得する姿が希望的に描かれ、極めてポストヒューマン的である。

人間たちは様々な動植物を搾取し、他者を支配し、規範に合わない存在を「怪物」として差別してきたが、むしろ怪物的なのは人間たちの方であることを、これらの作品は示している。それならば、わたしたちはそろそろ人間をやめて、ポストヒューマンを目指すべきなのかもしれない。

5．脱身体化するわたしたち

二一世紀に生きるわたしたちは、すでに一部はポストヒューマン化しているかのように見える。スマートフォンが体の一部のように手放せず、コミュニケーションはもっぱらデジタル、授業もオンライン、食事は置き配、一度も人と会わずに一日が終わるということも珍しくはない。コロナ禍で強制的にリモート化が進んだ社会は、人間を身体性から引き離した。

わたしたちの多くが複数のSNSで異なるアイデンティティを構築し、名前も性格も職業も、時にはジェンダーも変えているケースもある。アバターを用いて実際の身体とは無関係の容貌になっていることもある。中には積極的に人形やアニメ、ロボットなど脱人間

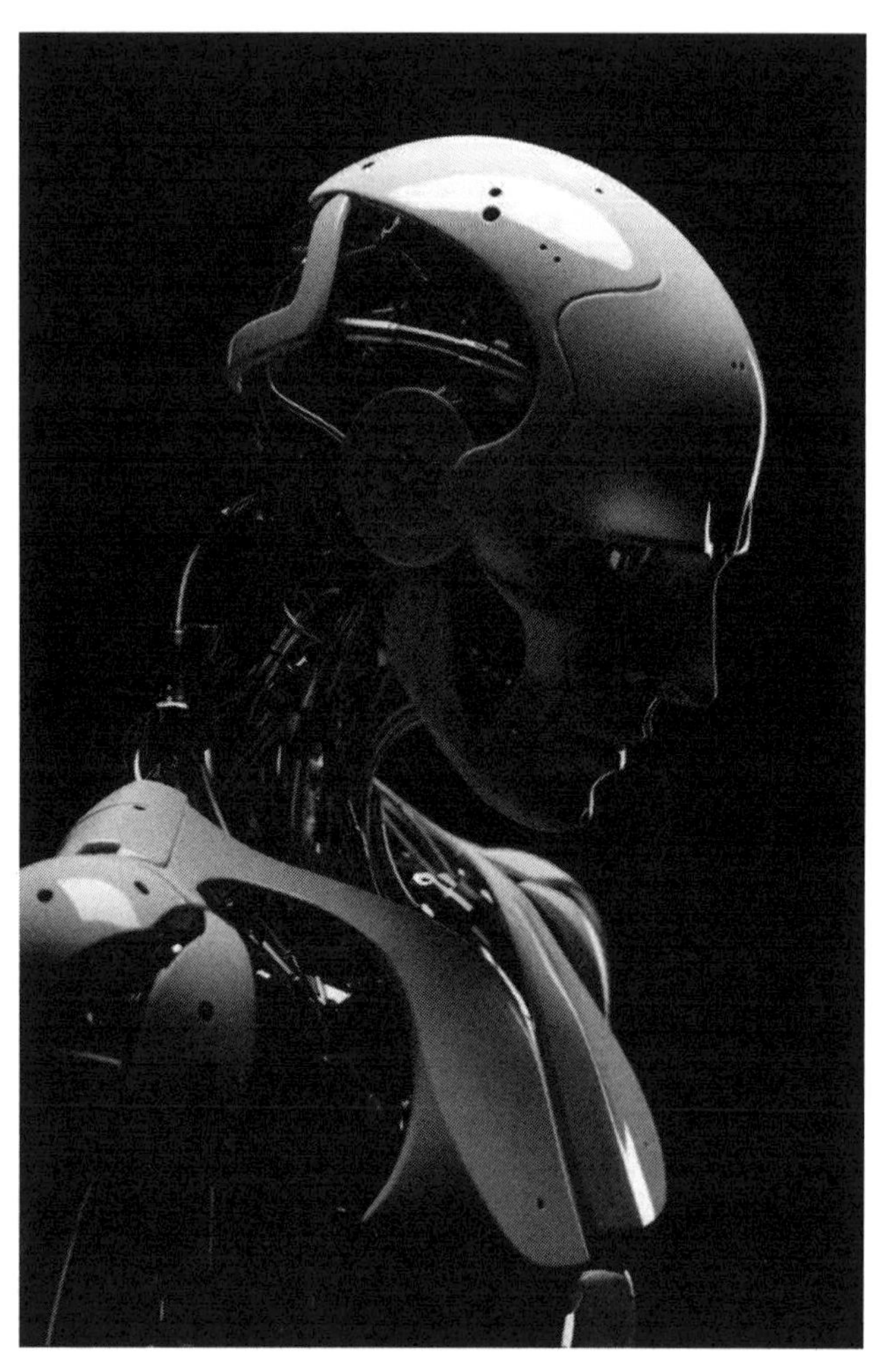

図 1-3　室内擬人化ロボット

（出典）Freepik

化した容貌になろうとするものも出てきている。このように分裂し複数の脱身体化した「わたし」が、現代のデフォルトのアイデンティティ状況である。

もっとも社会学者アーヴィング・ゴフマン（Goffman, E.）によれば、アイデンティティの複数性はなにも今始まったものではない。ゴフマン（一九七四）はアイデンティティとは行為遂行的（パフォーマティヴ）に作り上げられるとして、個人を一貫した行為者であるとする一般常識を打破し、社会的相互作用の過程で行為者自身の内面に生ずる複数の自己について指摘した。つまりある人のアイデンティティは最初から決まっているわけではなく、いろんな社会状況や人間関係の中でその場その場で戦術的な駆け引きのもとに立ち上がるもので、確実性と一貫性を持ちえない存在だというのである。「わたし」は、他者との関係性や場面場面で別の人格と成りうる。例えば、友人に見せる顔と家族に見せる顔は違うし、会社や赤の他人に見せる顔も違うだろう。また場の力も影響するので、フラットな友人関係なのか、上下関係なのか、採用面接なのか、役所の窓口なのか、また自分の役割や任務によっても異なる顔になる。現代のSNS社会においては、それがさらにはっきりと細分化され、意識的に自己演出やプレゼンがされるようになっている。

少し前までは、いくつもの「自分」があったとしても、その中に「本当の自分」があるとの前提が広く共有されていた。「自分探し」という言葉もよく聞く言葉だ。この前提に立てば、複数の分裂した自己は問題含みということになるだろう。しかし平野啓一郎はこのような対人関係ごと環境ごとに分化した異なる人格すべてを本当の自分だとして、「分人主義」と呼んで肯定的にとらえようとする。自分自身を全肯定することの難しさ、全否定してしまう苦しさから解放され、複雑化した先行き不透明な社会で生きるための、具体的な足場を築きやすくすると平野は主張する。確かに、複数の自己と複数のコミュニティ（居場所）を所有していれば、一つの自己を嫌悪したり一つの場所に居づらくなっても、別のものに逃れることができる。リアルの社会では障がいや病気のために差別されるなどして活動しにくい人も、ヴァーチャルの世界では身体性から解放されるかのように思えることもメリットだ。

しかしヴァーチャルとリアルの関係は複雑かつ微妙で、リアルの苦しみの避難場所としてヴァーチャルが常に機能するとは限らない。生活のほとんどの時間をネットにつながって暮らしているわたしたちにとって、リアルとヴァーチャルは重なっていることも多く、ヴァーチャルがリアルに侵出／浸出している。パフォーマンスでおこなった愚かな行為がSNSで拡散炎上し、身バレしてリアルの世界で代償を支払う羽目になることもあるし、ちょっとしたきっかけで総攻撃されて壮絶なネットいじめに遭うこともある。ヴァーチャルの世界の出来事が、リアルの「わたし」に少なからぬダメージを与える。ヴァーチャルで浴びせられる攻撃が、リアルの身体を蝕み、傷つける。

身体性から軽やかに解放されているかのように見えるポストヒューマン的現代において、実はわたしたちは身体性を次第に憎むようになっているようである。コスプレや化粧、写真修正、整形は、固有の身体性から逃れる営みでもある。だが「解放」という肯定的なニュアンスよりも、リアルな身体を忌避し抑圧する否定的なトーンを持つ場合も多い。デジタル技術によって自由な新しい表現が可能になっているはずなのに、実際には美の基準の画一化は一層進み、特に白人至上主義はむしろ強まっている。レイシズムやセクシズムもむしろ強化されている。整形した理由について、ある「整形アイドル」はブスだと言われ続け普通になりたかったからだと語るが（ORICON NEWS 二〇一九）、資本主義のネットやメディアで表現される「普通」の概念は、修正や整形によって作り出された虚構なのである。しかしその「普通」の概念が人々を互いに批判させ整形へと駆り立てる。

ヴァーチャルな世界では、身体の個別性から切り離された言葉が攻撃性を増している。デジタル化が進む社会でネット情報がデフォルトになる中、ある一定の文字数を超えると一気に閲覧数が減るなど、統計的にも長い文章への耐性が失われていることがわかっている。短い文章の情報量は少なく、正確性も不足しているが、わたしたちはその不足した情報でジャッジし反応する癖がついている。しかも大量のネット情報は次々に流失していくので、情報に接したその場で脊髄反射的に反応するようになっている。よく吟味もせず熟考もせずに感情的に放たれた言葉を、SNSのプラットフォームが拡散する。人間はさまざまな面や複雑性を持つという当たり前のことが忘れ去られ、今この情報を見て気持ち悪いと思ったから攻撃しておきますというような即時的コミュニケーションが増えている。他者性への許容度が低下し、さらに匿名性のために言葉に責任を取らなくて済むので、攻撃にブレーキがかからない。

他者性や異質性を受容できなくなっている理由の一つはSNSのエコーチェンバー化にあるだろう。アルゴリズムで自分の意見や好みに似たようなものが表示されてくるので、自分の意見に近いものに囲まれるネット空間が自然に出来上がってしまう。自分は皆に支持されていると勘違いしやすく、批判的思考が働きづらくなる。このようなネット空間が当たり前になると、居心地の悪い場所に踏みとどまる耐性は失われ、居心地が悪くなるとそこから退出する、あるいはアカウントを削除する事態になる。あるいは居心地のいい空間内にだけとどまろうとする。

批評家の西村紗知は「ポップアンドカルチャートリロジー」と題した文章の中で、次のように書いている。

自らの生の、断片的たる様。今までずっとそうだったのかもしれない。つねに感官で非接触的に一方的に他人の「身体」（存在ではなく身体なのだ）に触れてきたのが常だった。それはフェティッシュ（呪物的）だ。一方的に触れるとき、そこには私の感官しか存在しない。感官は対象を黙らせる。そのとき私はただ私の感性において、対象に対して優位に立てる。（二〇二三、一三六―七）

ほんの一瞬の要素に対して感覚的な判断をして言葉にして投げつけ、なんとなく自分が優位に立ったような気になる。そのような人間関係を表した文章である。さらに西村は、「断片的なものは生き生きとした生ではない。私の感官で捉えた無数の瓦礫をつなぐ細い糸が断ち切られそうなそのとき、そんなことが私の絶望。誰も知らない、私の絶望」（二〇二三、一三七）とも書いている。人とのつながりが断片的となり、無数のつながりがあるにもかかわらず絶望が深い。絶えず攻撃的な言葉にさらされて、耐え難い。そんな現代の状況をサバイブするには分人化する他ないのかもしれない。

前述した人形化・脱人間化は、究極的理想の身体への執着という意味合いと、身体の放棄という矛盾した意味合いを同時に持っている。西村が描写するような絶望的な分裂の苦痛に対処するメカニズムとして、自己人形化あるいは機械化が起こっているのだ。村田沙耶香の小説『コンビニ人間』では、社会になじめない主人公が「コンビニになりたい」と思う。「コンビニで働きたい」ではなく、コンビニというマシンあるいはシステムの一部になりたいと考えるのだ。そこには、マシンになってしまえば、感じなくて済む、傷つかなくて済むという思いが見え隠れしている。言葉が武器となった今の社会で、マウントを取りあう人間関係から離脱するためには、人間であることをやめる、つまり機械や人形になるしかないようである。

このように考えると、現在のデジタル技術を活用した脱身体的ポストヒューマン状況は、包摂的で解放的な新しい価値観の世界であるというよりも、むしろ精神と身体を切り離して身体を抑圧する、これまでと同様のものに他ならないようである。その背後にはリアルな身体を差別的に扱い、そこから距離を取ることがよしとされる風潮がある。また距離を置かなければ生きていけないと感じてしまう人たちがいる。クリーチャーや狼男やセックスワーカーや肉体労働者を差別し、一部の「人間」のみ特権化する構造は、今も厳然と存在し続けているのだ。

わたしたちが目指すべき方向性は、データとなって軽やかに身体を捨てることを夢見るのではなく、シェリーやイシグロやカーターら作家たちが描いたように、身体性を忌避する人間を見つめ徹底的に、批判的に考察することではないのだろうか。自分たちの身体性に留まり、異質な身体を受容する方向なのではないだろうか。クリーチャーとして、狼として、怪物として。

6．ポストヒューマン時代の言葉

脱身体化していく社会の中で、言葉はどんどん武器化している。しかし言葉は人間社会の根底にある。例えば「人権」という概念があるが、何か具体的なものが人権として存在しているわけではない。わたしたちは言葉を使って思索し、その結果として「人権」という概念を創出し、それを守るために活動している。「自由」や「幸福」についても同じことがいえるだろう。また貨幣経済における「貨幣」にしても、紙や金属に価値付けをおこなうのは言葉であって、すべての人がその価値理解を共有して初めて成り立つものである。宗教も言葉がなければ成り立たない。そのように考えると、人間の社会や文化すべては言葉で成り立っているといえる。

現在、世界のあちらこちらで起こっている分断は、わたしたちがネット社会で発するようになった攻撃的な言葉と無関係ではないだろう。しかもここへ来て、人類は自ら言葉を紡ぐ作業すらも放棄しはじめた。生成系ＡＩの登場によって、考えなくても言葉が産出されるようになったのである。生成系ＡＩの紡ぎ出す言葉は過去のビッグデータから抽出される言葉であって、新しい概念や知はそこからは生まれてこない。生成系ＡＩが生み出す言葉でこの社会が満たされるようになったとき、わたしたちの社会はこれまでとは大きく異なるものになるかもしれない。

コミュニケーションも危機に瀕している。例えば親密なやり取りもメールやＳＮＳなどのデジタルで行われるのが普通になっている。しかしそこには声や熱や表情などがなく、感情の偽装も容易であるし、誤解も多く発生する。ＳＮＳのデジタルなコミュニケーションを利用したロマンス詐欺や振り込め詐欺が横行しているが、非デジタルの対面コミュニケーションであれば発生し得ない犯罪であることは明らかだ。犯罪者が「あなたと結婚したがっている外国人」や「お金に困っている親戚」を装うのは、デジタルなコミュニケーションでは簡単である。しかしこれまでは少なくとも言葉の向こう側にいるのは実在する犯罪者であった訳だが、今後はＡＩである可能性も大いに出てくる。個人に特化し、あなたが気に入るような回答を出してくるＡＩとの会話は、もうすでに実現しつつある。映画『ｈｅｒ』には女声のコンピュータ・オペレーション・システムに恋をする男性が登場するが、機械によって作り出されたフェイクな言葉であっても、それをフェイクと感じさせないような仕組みさえあれば、人間同士のコミュニケーションとさして変わりのないと思える、あるいはより上質の満足感を感じさせるコミュニケーションは成立する。このようなシステムを介護サービスなどに用いていくことは社会にとって有用かもしれないが、人心を操る目的で利用されることも容易に考えられる。Googleで生成系ＡＩの開発担当者だった人物が退職し、ＡＩによって戦争が引き起こされる危険性を告発したが、言葉が根幹の人間社会だからこそ、その言葉を根源的に変質させるＡＩ技術がもたらす負の側面には、今後十分に注意をしていく必要がある。

ポストヒューマンの文学や映像作品はこれまでも、他者を利用し、差別し、搾取する人間を鋭く描き出し、警告を発してきた。言葉の変質が始まっている現在、ますますこうした文学の重要性は増していくだろう。過去の言葉のリサイクルではない、文学的な長く深い思考と言葉へのこだわりや今の問題意識によってわたしたちの身体から紡ぎ出される言葉は、脊髄反射的コミュニケーションの対極にある。多面的で三次元的な文学のアプローチや、文学がいざなう他者への共感は、分裂の痛みや攻撃の言葉からわたしたちを癒し、麻痺したルーティンからわたしたちを叩き起こし、問いかけている。わたしたちは、よりよきポストヒューマンになることができるのだろうかと。

引用参考文献

ORICON NEWS 二〇一九「『私は〝普通の人〟になりたかった』総額一〇〇〇万円超えの整形YouTuber・轟ちゃんが明かすリアルな事情」(二〇一九年四月一四日公開、二〇一九年一二月一二日更新) https://www.oricon.co.jp/special/52852/、二〇二三年八月一四日最終アクセス

西村紗知 二〇二三「ポップアンドカルチャートリロジー」『すばる』四五(二)：一三六－一六七．

平野啓一郎「分人主義―複数の自分を生きる」https://dividualism.k-hirano.com/、二〇二三年八月一四日最終アクセス

村田沙耶香 二〇一六『コンビニ人間』文藝春秋

Braidotti, Rosi. 2013. *The Posthuman*. Cambridge: Polity Press.（門林岳士監訳二〇一九『ポストヒューマン―新しい人文学に向けて』フィルムアート社）

Carter, Angela. 1995 [1979]. *The Bloody Chamber and Other Stories*. London: Vintage.

Freepik.「室内擬人化ロボット」https://jp.freepik.com/free-photo/anthropomorphic-robot-indoors_42621410.htm#query=robot&position=1&from_view=keyword&track=sph、二〇二三年八月一四日最終アクセスフリーライセンス。

Goffman, Erving. 1956. *The Presentation of Self in Everyday Life*. Scotland: Doubleday.（石黒毅訳 一九七四『行為と演技―日常生活における自己呈示（ゴッフマンの社会学１）』誠信書房）

Ishiguro, Kazuo. 2005. *Never Let Me Go*. London: Faber and Faber.（土屋政雄訳二〇〇八『わたしを離さないで』早川書房）

Jackson, Rosemary. 1981. *Fantasy: The Literature of Subversion*. New York: Routledge.（東雅夫・下楠昌哉訳二〇一八『幻想と怪奇の英文学Ⅲ―転覆の文学編』春風社）

Melville, Herman. 1851. *Moby-Dick; or The Whale*. New York: Richard Bentley.（富田彬訳 二〇一五『白鯨』上下巻、角川書店）

Moore, Wendy. 2006. *The Knife Man: Blood, Body-snatching, and the Birth of Modern Surgery*. New York: Broadway Books.（矢野真千子訳二〇一三『解剖医ジョン・ハンターの数奇な生涯』河出書房新社）

Ragache, Claude-Catherine, and Gilles Ragache. 1981. *Les loups en France - Légendes et Réalité (Histoire du Loup)*. Paris: Flammarion.（高橋正夫訳一九八九『狼と西洋文明』八坂書房）

Shelley, Mary. 1818. *Frankenstein; or, The Modern Prometheus.* London: Lackington, Hughes, Harding, Mavor & Jones.（小林章夫訳 二〇一〇『フランケンシュタイン』光文社）

Shute, Augustus Burnham. 1892.『白鯨』原書（一八九二年刊）のイラスト。This work is in the public domain.

Stoker, Bram. *Dracula.* 1897.London: Archibald Constable and Company.（田内志文訳 二〇一四『吸血鬼ドラキュラ』角川書店）

Von Holst, Theodor. 1831.『フランケンシュタイン』一八三一年版原書のイラスト。This work is in the public domain.

2章　国際関係の地殻変動
——変わる人間観と世界観

毛利　勝彦

1．人新世の複合危機とポストヒューマン

気候変動、パンデミック、ロシア・ウクライナ戦争。これらは、すべて人間活動による結末である。沸騰する地球、新型コロナウイルスからAI兵器にいたるまで、人類の生存にかかわる「人新世（アントロポセン）」の複合危機に向き合うには、ポストヒューマンな総合知を生み出す必要がある。この章では、社会科学の視点から、人間観や世界観の変容と

国際関係の地殻変動を把握したい。

人間観については、第二次世界大戦後の国際関係における「人権」概念の変容を振り返る。それと並行して、「国家社会」、「国際社会」、「世界社会」そして「グローバル社会」という「世界観」の変容を概観する。国際関係学におけるポストヒューマン論争は、人間以外の自然環境の文脈と、人間による人工環境の文脈における位置づけができる。この章では、それぞれ「動物の権利」と「殺人ロボット兵器」をめぐる論争に焦点を当てて検討してみたい。

2. 人権概念の発展

(1)世界人権宣言の原則とは

ICUの入学式では、新入生一人ひとりが紹介され、「世界人権宣言の原則」に立つ学生宣誓に署名している。世界人権宣言が国連総会で採択された一九四八年一二月から五年足らずの一九五三年四月に最初の入学式が執り行われた。同年五月には世界人権宣言の起草に重要な役割を果たしたエレノア・ルーズベルト(Roosevelt E.)初代国連人権委員会議長がICUキャンパスを訪れ、コンボケーション・アワーで一期生の学生たちに向けた講演と対話をしている。当時のアメリカ、ソ連、南アフリカ、そしてサウジアラビアなどのイスラム圏との困難な意見調整について説明され、日本国憲法第一一条に人権尊重主義が掲げられたことを高く評価した（ICU 1953, 5-9）。

学生宣誓にも記載されている「世界人権宣言の原則」とは何か。それは、世界人権宣言第一条の二つの文に集約されている。次ページの**図2―1**はＩＣＵの学生らが翻訳した『日英仏3言語版ビジュアル版世界人権宣言』（国際基督教大学 二〇二二）からの引用だ。最初の文のキーワードは、「自由」と「平等」である。英語では“freedom”と“equality”、フランス語では«liberté»と«égalité»に相当する。

①二つの自由の女神

ところで、アメリカには二つの「自由の女神」が存在するのは知っているだろうか。ニューヨークにある「自由の女神」は、英語では“Statue of Liberty”である。アメリカ建国一〇〇周年記念にフランスから贈られた。ドラクロワの絵画「民衆を導く自由の女神」にも描かれたフランス革命のシンボルであるマリアンヌがモデルとされたように、ブルボン朝の絶対王政からの「解放」という意味での自由がリバティである。

『世界人権宣言』

すべての人間は、
生まれたときから自由で、
尊厳と権利の点で平等である。
人間は理性と良心を備えており、
たがいに友愛の精神で
行動しなければならない。

All human beings are born free and equal in dignity and rights. They are endowed with reason and conscience and should act towards one another in a spirit of brotherhood.

Tous les êtres humains naissent libres et égaux en dignité et en droits. Ils sont doués de raison et de conscience et doivent agir les uns envers les autres dans un esprit de fraternité.

図 2-1　世界人権宣言第一条

（出典）国際基督教大学（2022, 12）

もう一つの「自由の女神」は、首都ワシントンDCの連邦議会議事堂の円形ドーム上にある“Statue of Freedom”である。コロンビア映画の冒頭にも出てくる女神コロンビアは、新大陸を発見したコロンブスの名前に由来する。イギリス植民地からの独立戦争はあったが、新大陸には絶対王政は存在せず、生まれながらにしての「自由」という意味での自由がフリーダムである。

「真理はあなたたちを自由にする」(ヨハネによる福音書 8: 32) という聖句は、英語では“The truth will set you free.”と訳されることが多いが、ラテン語では《Veritas liberabit vos.》であり、リベラルアーツのリベラルもこの意味での解放である。

②平等と衡平

平等なものを平等に扱うことを公正という。二つの自由があるように、公正にも少なくとも二つの公正がある。一つは、equality/égalitéという意味での平等である。例えば、野球場のフェンス越しに同じ高さの踏み台に乗った背の高い大人、中位の少年、背の低い子どもが野球ゲームを観戦しているとする。大人と少年は観戦できているが、背の低い子どもはまだフェンスの高さに達せずに観戦することができない。それでも同じものを平等に得る機会を与えられたという意味で、平等である（図2―2左）。フェンス自体を取り払った「自由（解放）」との違いが明白である。

これに対して、equity/équité という意味は衡平である。例えば、背の高い大人、中位の少年、背の低い子どもが全員フェンス越しに観戦できるように、大人には台を与えず、少年には一台、子どもには二台与える場合である。与えられた台数に差異はあるが、全員が観戦できるという結果平等の意味での衡平である（図2―2中央）。いわゆる積極的是正がこれにあたる。例えば、あらかじめ法律によって議席数の一定割合を男女に割り当てるクォータ制が積極的是正の一例である。日本では二〇一八年に政治分野における男女共同参画推進法が成立し、男女の候補者数をできる限り均等とするパリティ原則が法制化された。にもかかわらず日本の政治分野でのジェンダー平等指数は世界最低水準が継続しており、議席クォータ制を導入すべきという意見がある。一方、この案に対しては男性への逆差別だという意見や性的マイノリティや世代やエスニシティなど他の多様性の側面への拡大はどうするのかといった課題が挙げられている。

図 2-2　平等と衡平と自由

（出典）Center for Story-based Strategy and Interaction Institute for Social Change, n.d.

③友愛とナショナリズム

世界人権宣言第一条の二番目の文でのキーワードは、「友愛」の精神である。自由と平等の対立を超える仲間意識と言って良い。日本語の友愛という言葉では明らかではないが、英語ではbrotherhood、フランス語ではfraternitéとなっており、二一世紀のジェンダー平等の文脈では政治的に正しくない単語が使われている。男性だけの兄弟愛を示唆する概念だからだ。北米の大学では、男子学生寮の友好クラブの一般名称がフラタニティであり、女子学生寮におけるソロリティと区別されている。男性であっても女性であっても同じ学生寮に住んでいる仲間意識を強調するのであれば、neighborhoodという単語を使うべきかもしれない。

フランス革命時の王党派も共和派も、あるいはかつての三部会制のどんな身分であっても同じフランス国土に住むフランス人であるという同胞意識やナショナリズムが、自由と平等との矛盾を止揚しうる。その土地が領土国家の土地だけでなく、国境を超えた世界領域の世界市民としての理性と良心を備えた人間として友愛の精神で行動すべきことを世界人権宣言第一条第二文は呼びかけている。つまり、図2—2の延長で漫画を描くとしたら、肌の色や言語や宗教を超えた多様な人種の人々が野球をしている姿が包摂(インクルージョン)のイメージである。

しかし、それはまだ人間を中心とした友愛のイメージである。二一世紀に入ってから、ラテンアメリカ諸国の一部では、先住民族のパチャママ思想を反映した「より良く生きる(Buen Vivir, Vivir Bien)」という概念を憲法に盛り込む国も出現している。地球という土地には人間だけでなく動植物も生きている。自然環境のインクルージョンを強調するポストヒューマンな友愛概念が出現しているのである。かつてアルゼンチンからの留学生にそのイメージを漫画として描いてもらった際には、そこには動物が人間とともに爛漫に咲き誇る植物の中で野球ゲームに参加している姿が描かれていた。これが「動物の権利」や「母なる大地の権利」の議論にも通じてくる。そこでの友愛意識は、ナショナリズムではなく地球市民としてのグローバリズムである。

(2)人権概念の変容

①第一世代の人権

自由、平等、友愛という世界人権宣言の原則は、歴史的には三世代の人権論として展開してきた。自由権的基本的人権は、第一世代の人権と呼ばれ、先述したリバティとフリーダムの両方が含まれる。換言すれば、それは個人が国家から自由になる権利(The right from the sate)であり、世界人権宣言には第二条から第二一条までに記載されている(Snarr 2008, 59)。世界人権宣言自体は法的拘束力のない政治宣言だが、法的拘束力のある条約として市民的及び政治的権利に関する国際規約(いわゆる自由権規約)がある。自由権規約には、自由権を侵害された個人が自由権規約委員会に申し立てできる個人通報制度を実現するための第一選択議定書と、死刑制度を廃止するための第二選択議定書がある。日本は自由権規約自体を批准しているが、いずれの議定書も批准していない。なぜそうなのか、それで良いのか、私たちにそれを議論する責任がある。

②第二世代の人権

第二世代の人権は、平等原則を重視した社会権的基本的人権で、これは個人が国家に要求する権利（The right to the state）である。戦間期のワイマール憲法で初めて取り入れられたとされるが、冷戦期には自由主義陣営が自由権を重視したのに対して、社会主義陣営は社会権を優先した。世界人権宣言には、第二二条から第二七条に社会権的基本的人権が示されている。社会保障を受ける権利、教育を受ける権利などがそれにあたり、経済的、社会的及び文化的権利に関する国際規約（いわゆる社会権規約）がある。

③第三世代の人権

自由権と社会権が個人の権利を前提としているのに対して、第三世代の人権の連帯権は、集団の権利とも言われる。個人の権利を重視する立場からすれば、それは人権でないという批判もある。もともと国連教育科学文化機関（ユネスコ）の法律顧問であったカレル・ヴァサック（Vasak, K.）が提唱し、一九七〇年代に発展途上国を中心に広がった。民族自決権、発展への権利、環境への権利、平和への権利などがこれに含まれるとされる。

第三世代の人権に関する実定法としての人権規約はないが、世界人権宣言の第二八条から三〇条にその芽生えが見られるとされる。第二八条は社会秩序と国際的秩序の権利で、自由権や社会権を実現するためには国内で助け合い、国際的にも協力する権利があると謳う。第二九条から三〇条は、権利や自由を実現するためには義務を負うことも示唆する。

歴史的には、一八世紀から一九世紀に自由権、二〇世紀に社会権、二一世紀に新たな人権として発展の権利や環境の権利が生まれてきた。これらはすべて重要な人権概念であるが、最も重要な人権を一つ選ぶとしたら、読者の皆さんはどれを選ぶだろうか。

- 第一世代の人権（自由権）
- 第二世代の人権（社会権）
- 第三世代の人権（集団の権利）
- 優先順位はつけられない

自由民主主義は自由権を、社会民主主義は社会権を、環境民主主義は集団の権利のひとつである環境権に優先順位を与えるだろう。結果として、国によって、時代によって、これら三つの人権をバランスさせるように政治勢力図が動くかもしれない。その一方で、人権は不可分だから優先順位はつけるべきではないという立場もある。ちなみに人権の不可分性 (indivisibility) と人権の不可侵性 (inalienability) とは異なる。前者は世代ごとに人権は分けられないという意味であり、後者はすべての人間が生まれながらに持っている人権は不可侵であるという考え方である。つまり、死刑囚に対してもそれを侵すことはできないというのが人権不可侵論に立つ死刑廃止論者の主張である。

3.「世界」観の変容

⑴国家、国際社会、世界社会、グローバル社会

人権観の変化は世界観の変容にも関連している。一七世紀ヨーロッパでの三十年戦争の結果、西欧世界に出現した主権国家では絶対主義国家の国王こそがすべての権力だった。ホッブズの『リヴァイアサン』(1651) の表紙絵には一人の大きな国王が描かれているが、よく見ると沢山の小さな人間が身体に描かれており、国家が擬人化されている(図2—3)。ここでは国家と社会は区別されておらず、一つの国こそが世界だった。今日でも国別に色

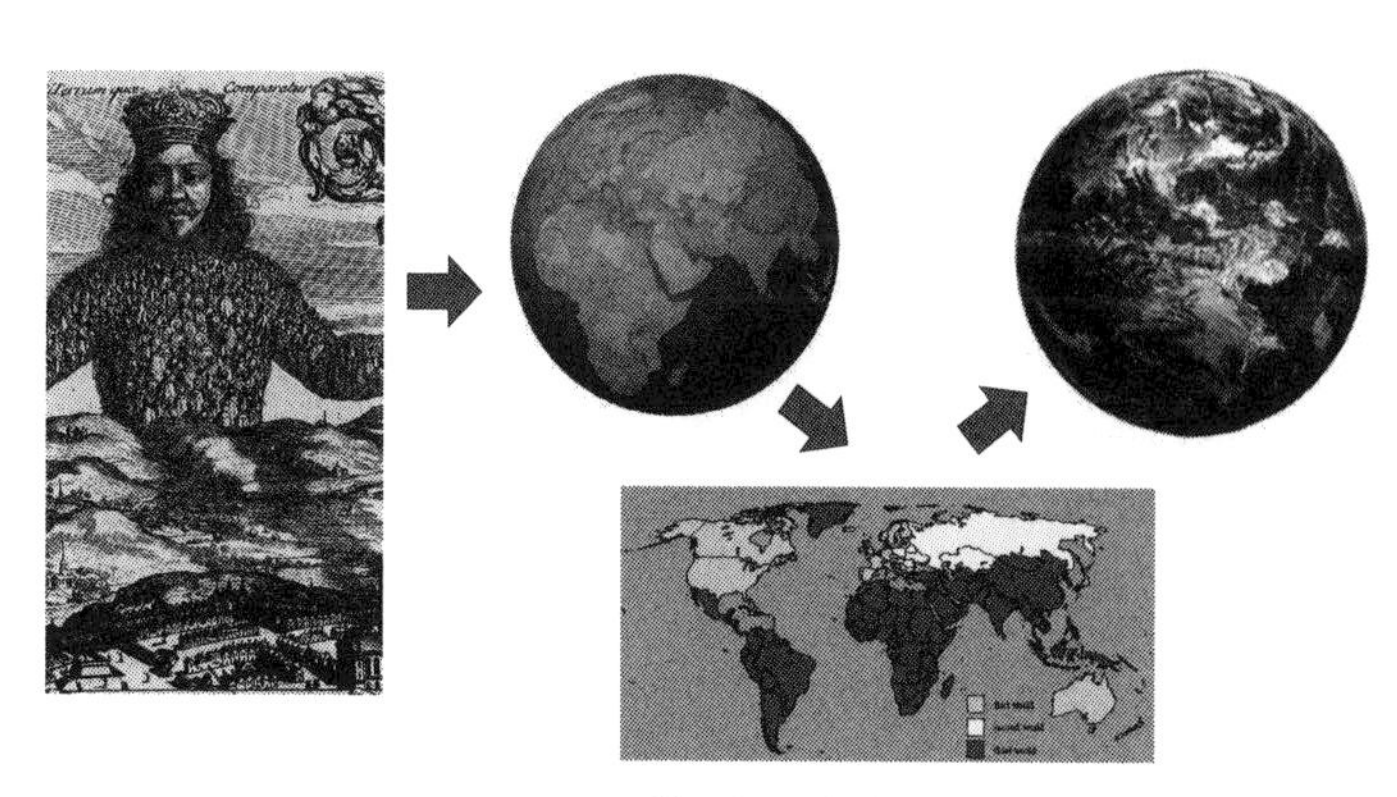

図 2-3　世界観の変容

（出典）ホッブズ（1651）などから筆者作成

分けされた世界地図はよく見られるが、「国際社会」とは、まさにこの国家間社会のことである。しかし、一八世紀のフランス革命は、主権国家を主権国民国家に変えた。国家に主権があることに変わりはないが、国王ではなく国民に主権がある国家となった。その後、一八世紀末から一九世紀のナポレオン戦争によって反革命のウイーン体制が生まれたが、徴兵制による国民軍の普及は主権国民国家の社会を世界に広げていった。

二〇世紀になって社会主義革命が広がると、自由主義国家は資本主義国家と見なされた。いわゆる「第一世界」に対して、労働者による団結によってプロレタリアート独裁を達成した社会主義国家により国境を超える「第二世界」が形成された。東西冷戦期から非同盟中立を模索した開発途上諸国は「第三世界」と呼ばれた。第一世界、第二世界、第三世界というときは国家よりも国境を超えた世界が先に存在する。かつての第三世界はグローバル社会における格差構造に注目して「グローバル・サウス」と呼ばれるが、世界社会とグローバル社会はやや違う。世界も地球も、個別の国家主体よりも全体が先に存在する。世界社会とは人間による人間のための世界で社会科学的な概念であるが、地球（プラネット）には人間だけでなく動物も植物も海も山も存在する。国際関係学とグローバル研究の違いについてもしばしば尋ねられるが、国境で国別に色分けされた世界地図が国際関係学の存在論で、国境を超えて第一世界、第二世界、第三世界が色分けされた世界地図が世界社会の存在論である。そして、宇宙から見た地球の姿には国境はないが、海や森や雲が見られる。これこそがグローバル社会の存在論である。同じ存在を異なる視点から見ているわけだが、そうした世界観の違いが私たちの認識に影響を及ぼしている。

⑵国家と社会の四類型

そうした世界観の違いを社会科学の理論から見ると、国家と社会の関係についてのイメージの違いがあることが分かる。世界観が変化する歴史的局面では、いつもリベラルアーツが見直されてきたが、リベラルアーツが見直されている現在も国家と社会の関係への視点が変わろうとしている。

第一のタイプはホッブズ型で、国家と社会が同一視される。例えば、「どちらの国(country)からいらっしゃったのですか」という質問をするとき、「国」という概念には国家と社会が区別されていない。つまり国家＝社会である。内戦のことを英語では、civil war という。市民による戦争という意味だが、civil 化した「文明(civilization)」には野蛮とは対極の意味もある。野蛮な内戦をそう呼ぶのは奇妙にも思えるが、国家と市民社会を同一視しているからこそこのように表現されるのだろう。

第二のタイプはロック型で、国家と社会は分離されたものと考える。自然権として人間が持っている自由は国家権力には侵されず、市民政府は社会契約によって委任された権力である。国家権力が市民の自由を侵したときには、革命権によってそれを解約することができる。政治と経済とを分離する自由主義の国家・社会関係観である。

第三のタイプはマルクス型で、自由主義が考えた社会は市場社会で、本当の市民社会(マルクスによればコミューン)は市場社会とは分離されたものと考える。マルクス主義者でなくても、私的利益を追求する市場社会と、非政府であり非営利である市民社会とを区別する国家・社会観である。国家権力によるヒエラルキーでも、私的利益を追求するマーケットでもない、規範による市民社会のネットワークを想定するモデルもある。国家（政府）の失敗、市場の失敗を超克すべく出現したネットワーク社会であるが、ネットワークの失敗もありうる。

第四のタイプはヴァーチャル型で、国家も社会も理念や知識によって社会的に構築されたものであると考える。国家、市場社会、市民社会といった区分は理念型としてあるにしても、それぞれの領域における主体は実際には容易に区別できるものではない。例えば、政府の職員でも、市場においては消費者であるし、休日にはボランティア活動もできる。また、貿易利益を追求する国家も存在するし、ネットワーク化する多国籍企業も存在する。市民社会にもヒエラルキー体制やフランチャイズ制をとる団体がある。アイデンティティを共有する国家主体や非国家主体は協働することもできるだろう。その意味では、国際社会やグローバル市民社会も社会的に構築されたものであり、それらを脱構築し、再構築することも可能だと考える。

読者の皆さんは、国家と社会との関係をどのように理解しているだろうか。

- 国家＝社会（ホッブズ型）
- 国家≠社会（ロック型）
- 国家≠市場社会≠市民社会（マルクス型）
- どれでもない（ヴァーチャル型）

(3)「人新世」の複合危機とSDGs

変化する人権観と世界観はどのように私たちが直面している複合危機への解決の指針となるだろうか。「人新世」のグローバル社会における問題群（図2―4）は、経済的側面、社会的側面、環境的側面、平和とガバナンスという四つの側面に大別できる。

経済的側面は、財政危機や金融危機などで、先進国にも途上国にも見られる。国連持続可能な開発目標（SDGs）では目標七から目標14までが経済的側面がこれに当たる。社会的側面は、貧困、格差、パンデミックなどである。これはSDGsの主に目標一から六に該当するもので、国連ミレニアム開発目標（MDGs）の際には、とりわけ途上国における社会開発が重点目標となった。環境的側面には、気候変動や生物多様性の損失などが挙げ

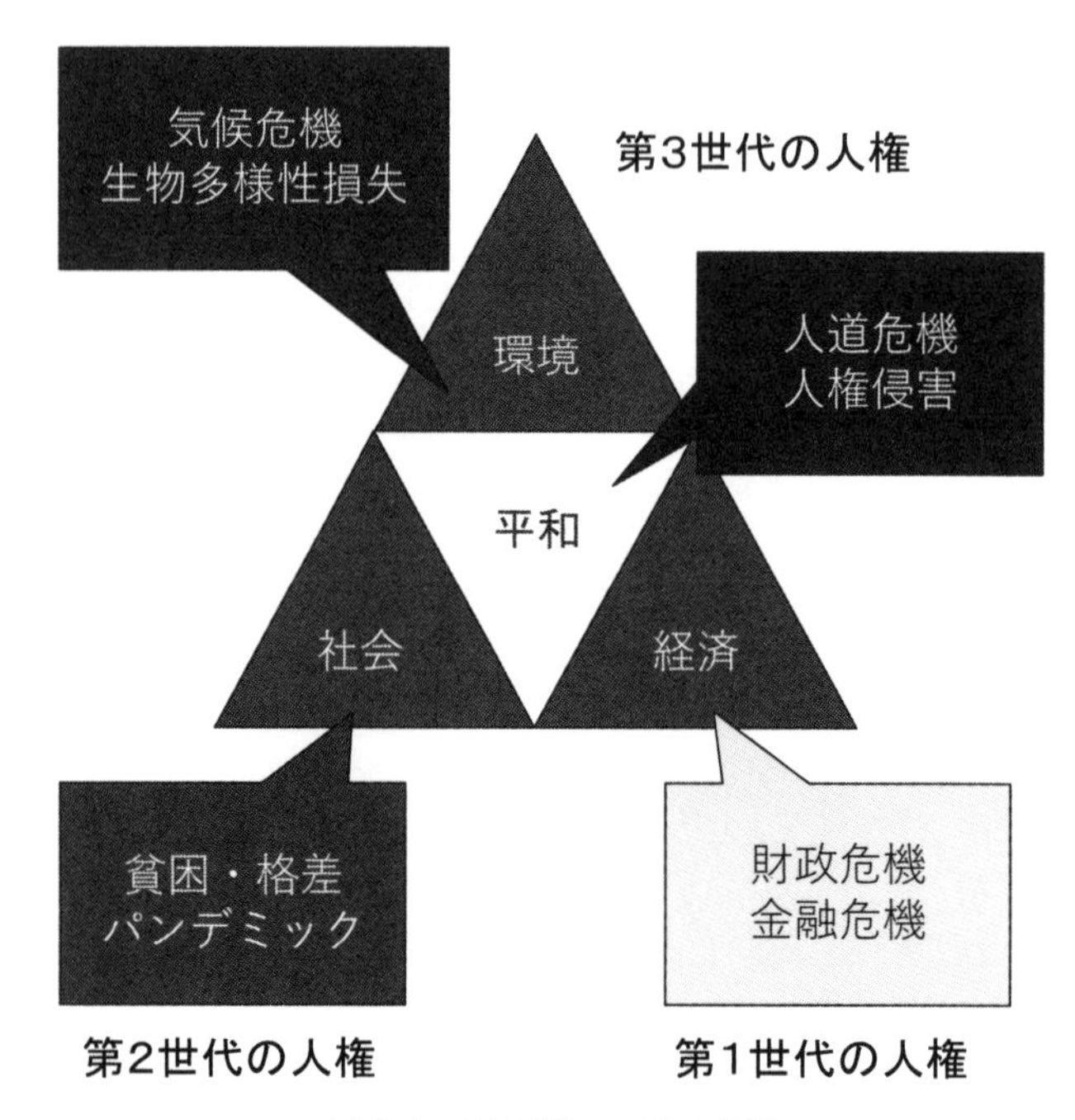

図 2-4 「人新世」の複合危機

（出典）筆者作成

られており、ＳＤＧｓ目標13から15に当たる。平和とガバナンスの側面には、人道危機や人権侵害が含まれ、ＳＤＧｓでは目標16と17に当たる。ＳＤＧｓの国連ロゴは、これら17の目標を個別のサイロとしてはではなく、束として表現しているが、総合的なネクサスとしての解決策をグローバル社会の多様な主体が協働して見出し、実施していく含意がある。

これらの複合危機への対策を人権観の進展から位置づけると、経済的側面では第一世代の人権である自由権が強調される。平等や友愛があるにしても自由を最優先させる政治思想が自由民主主義であり、それが追求するのは持続的経済成長である。社会的側面では第二世代の人権である社会権が重要視される。自由や友愛があるにしても平等を最優先させる政治思想が社会民主主義であり、それが追求するのは持続可能な人間開発・社会開発である。環境的側面では第三世代の人権である環境権に最優先順位が置かれる。自由や平等があるにしても友愛を最優先させる政治思想が環境民主主義であり、それが追求するのか生態系的に持続可能な開発である。

欧米諸国の政治状況を見ると、自由民主主義、社会民主主義、環境民主主義の政治勢力が対立や連立を模索していることが分かる。例えば、二〇一〇年代のドイツ政治において「ジャマイカ連立」や「信号連立」が試みられた。各政党のシンボルカラーの組み合わせが、黒・黄・緑のジャマイカ国旗や赤・黄・緑の信号に例えられた。保守系のキリスト教民主同盟のシンボルカラーは黒、自由民主党は黄、ドイツ社会民主党は赤、緑の党は緑である。読者の皆さんは、どのカラーやその組み合わせを望むだろうか。

⑷パリ協定に見るポストヒューマンな権利

国連気候変動枠組条約のパリ協定の前文には、環境条約としておそらく初めて「人権」や「母なる地球」の権利が記載された。一九四八年にパリで開催された第三回国連総会で世界人権宣言が採択されたこともあり、フランス政府はパリ協定採択の際に「人権」をこの環境条約に記載することを強く望んだ。世界人権宣言では言及されていなかった「世代間の衡平」についても言及されている。地球サミットでの環境と開発に関するリオ宣言の第三原則では、「開発の権利は、現在及び将来の世代の開発及び環境上の必要性を公平に充たすことができるよう行使されなければならない」と謳われている。これまで人権は現世代の人間の権利だったが、将来世代の人権は、まだ生まれていない仮想的な人間の権利である。これは決して抽象的な話題ではなく、人工妊娠中絶や堕胎罪の論争では、いつからどこから人間であるかを社会的合意によって決めなければならない。極めて具体的なポストヒューマンな課題なのである。

将来世代の人権は、現在まだ人間でないにしても将来は必ず人間になる。パリ協定は、さらにポストヒューマンな権利を謳っており、「母なる地球」として一部の文化によって認められるものを確保することの重要性についても留意すると記載されている。それは人間だけでなく「すべての生態系（海洋を含む）の本来のままの状態における保全及び生物の多様性の保全」を意味する。これは、「自然の権利」を憲法に反映したエクアドルやボリビアなどが強く求めたものである。キューバやベネズエラなど反米左翼政権によるＡＬＢＡ諸国が気候交渉で強硬姿勢に出たこともあり、グローバル・ノースでは真剣に取り上げられていないきらいがあるが、南米アンデス先住民族の「母なる大地（パチャママ）」信仰にも結びついている。ＳＤＧｓの原提案国がコロンビアやグアテマラだったことや、ＳＤＧｓやパリ協定が採択された二〇一五年に環境的回心「ラウダート・シ（回勅）」を呼びかけた教皇フランシスコがアルゼンチン出身だったことも無関係ではないだろう。政治勢力のイデオロギーや特定の宗教とは区別して、ポストモダンかつポストヒューマンな「自然の権利」の認識が広がりつつあると見るべきである。

4. 日本は「動物の権利」や「自然の権利」を法的に強化すべきか

ポストヒューマンの一つの流れである人間以外の自然環境として、「動物の権利」論争に注目したい。動物だけでなく植物や、広く山・川・大地・海洋など「自然の権利」への展開もある。

「動物の権利」は、古くから欧米でも議論されてきた。現代においては、シンガー（Singer, P.）の『動物の解放』（一九七五年）やレーガン（Regan, T.）の『動物の権利・人間の不正』（一九八三年）などが人間による動物への配慮や義務を論じてきた。世界人権宣言が自由権や社会権を人権として扱ってきた延長として、連帯権は同じ地球に生きるものとして、あるいは生きもの以外の山や川などの自然についても権利を承認すべきなのだろうか。動植物や自然が人間のように意見表明をすることができないのであれば、自然に代わり人間は義務を負うべきなのだろうか。義務（duty）にも法的拘束力のある義務（obligation）や法的拘束力はなくても人間として自主的に負うべき責務（responsibility）がある。また、動植物やその他の自然をあるがままの状態に「保存（preserve）」すべきなのか。破壊したものは「再生（restore）」すべきなのか。積極的に関与して「保護（protect）」すべきなのか。人間はその活動のために動植物やその他の自然を利用しても良いのか。利用するとしても環境容量の範囲内での「持続的な利用（sustainable use）」をして、環境を「保全（conserve）」すべきなのか。

例えば、日本は「動物の権利」を法的に強化すべきである、という具体的な政策論題について、読者の皆さんならどのような立場をとるだろうか。

- 強くそう思う（大賛成）
- そう思う（賛成）
- どちらとも言えない（中立）
- そうは思わない（反対）
- 強くそうは思わない（大反対）

(1) 三つの賛成論

①問題解決

賛成論の一つの典型は、現在において何か問題がある場合、その問題の解決策として論題に示された政策をとるべきという主張である。例えば、現在、地球上の動物種の半数以上が減少している六回目の「生物大量絶滅期」であるとされる。氷河期など過去の大量絶滅期との違いは、乱獲、化学物質の使用、気候変動など人間の活動がその原因となっている点である。人間の活動が原因であるから、それは人間の活動によって食い止められる。日本などの主要国が「動物の権利」を法的に強化することによって、「生物多様性の損失を止める」ことができる。

また、そうすることによって日本の「国際的な評判悪化を改善する」こともできる。捕鯨問題や混獲問題で国際的評判が良くない日本の漁業イメージを上げることができる。また、二〇二一年に元農水相らが贈収賄で有罪判決となった大手鶏卵生産会社アキタフーズ事件でダメージを受けた日本の評判も改善しうる。このスキャンダルの原因は、「アニマルウェルフェア（動物福祉）」をめぐる利害対立だった。家畜を快適な環境で飼育する国際基準案が国際獣疫事務局長（ＯＩＥ）で採択されることを、効率よく利益を生むケージ飼いが主流の日本の養鶏業界が阻止しようと農水相に働きかけたのである。アニマル・ウエルフェアより一歩踏み込んだ「動物の権利」を確立することで、捕鯨や養鶏で低下した日本の信頼回復が可能となる。

②比較優位

もう一つの賛成論は、現在問題がなかったとしても、論題となっている政策を取ることによるメリットの方が取らなかった時のデメリットよりも大きいと論証することである。つまり、政策を実現することには比較優位があるとの主張となる。

例えば、動物の権利を強化することは、その生息地の生態系が守られることになる。動植物の多くが温室効果ガスの吸収源となる森林や海洋に集中しており、動物の権利を強化すれば、それをしない場合よりも、「気候変動の緩和に役立つ」。

また、動物の権利を強化することは、「パンデミックの回避」につながる。なぜならば、新型コロナ感染症（COVID-19）をはじめ、エボラウイルス病、HIV／エイズ、高病原性鳥インフルエンザ、重症急性呼吸器症候群（SARS）、新型インフルエンザ、MERSコロナウイルスなどの一連の感染症は動物由来の人獣共通感染症である。大規模な森林伐採や乱開発による都市化は、ジャングルの奥地に生息していたウイルスなどの病原体がヒトと接触する機会を多くし、それによって感染が広がった。ヒトと動物と自然の健康は一つ（ワン・ヘルス）であり、動物の権利を強化することは、それをしないことよりもワン・ヘルスの強化となり、その結果としてパンデミックの回避につながる。

③目標達成

もう一つの賛成論は、現在特に問題はなく、比較優位もなかったとしても、その政策をとることで将来に目指す目標が達成できるというメリットが生まれれば、その政策を採用すべきである。例えば、「動物の権利」を強化することで、二〇三〇年を目標年としたSDGs目標13（気候変動）、14（海の豊かさ）、15（陸の豊かさ）を達成できることを論証することが重要である。

(2)三つの反対論

①論破反論

反対論の一つの典型は、反対野党型の論破反論型である。賛成論の前提、分析、主張などをすべて論破反論していく。例えば、「動物の権利」賛成論がこれまでの人間中心主義の限界を主張するとき、「人間中心主義でどこが悪いのか」と真っ向に反対する。鶏卵は人間にとって重要な栄養源であるし、ベジタリアンやヴィーガンも菜食をする。人間以外の動植物や自然の権利を強調することは、「環境ファシズム」や「緑の帝国主義」といったような環境保護を名目にした人権抑圧や新植民地主義にさえ繋がりかねない。

すべての生命を守るということは、「ウイルスも守れというのか」という批判が実際にあった。国連生物多様性条約交渉の専門家会合で種の絶滅は良くないという意見に対して、天然痘撲滅に尽力した世界保健機関（ＷＨＯ）職員が人間にとっての「害虫や病原体であっても絶滅から救うべきだというのか」との反論があったという（藤倉二〇〇三、一八一）。

②現状維持

もう一つの反対論は、現状維持をすることを是とする与党型のもので、論題に示された政策をとることは良い状態である現状を変更するのでデメリットが生じるとする。例えば、日本には既に動物愛護管理法がある。動物の命の尊厳を守り、虐待することなく愛護することと、危害や迷惑防止のために適切な管理を原則としている。一九七三年に議員立法によって成立し、四回の改正を通じて罰則の厳罰化もなされたので、現状で十分に対応できる。

国際的にはフランスの民間団体ＬＦＤＡらが「世界動物権宣言」を起草し、一九七八年にパリのユネスコ本部で発表した。その後、改訂された「動物の権利宣言」は八条からなる動物の権利を宣言して、実定法の制定に繋がることを目指しているが、まだ国際条約にはなっていない。しかし、ここで掲げられているいくつかの原則は日本の動物愛護管理法にも通底している。

「自然の権利」については、日本の実定法に明記されたものはないが、自然環境保全法(一九七二年)をはじめ、人間の活動による環境負荷を低減する「環境保全」に関する法律はいくつも存在する。ワシントン条約や生物多様性条約にもとづく多様な動植物種や生態系の「持続可能な利用」やラムサール条約にもとづく湿地の「賢明な利用」も国内法や諸計画に反映されており、「自然の権利」を強化する必要はない。

③代案提示

もう一つの反対論は、連立与党のように目標は共有するが方法が異なるとする反対論である。例えば、「動物の権利」ではなく代案として「アニマルウェルフェア」を掲げる立場である。国際獣疫事務局によると、アニマルウェルフェアとは「動物が生きて死ぬ状態に関連した、動物の身体的および精神的な状態」をいう。家畜動物を身体的にも精神的にも快適な状況で飼育することは、動物のストレスや疾病を減らし、結果として安全で質の高い畜産物の生産にも繋がる。環境省は「産業動物の飼養及び保管に関する基準」(二〇一三年)

を、農水省は、アニマルウェルフェアに配慮した家畜の飼育管理等について」（二〇二三年）も示しており、「動物の権利」が目指す状況改善がなされている。

国際的にも「世界アニマルウェルフェア宣言（ＵＤＡＷ）」が起草されており、世界人権宣言のように国連で採択されることが目指されている。関連会議には、ケニア、インド、コスタリカ、チェコ、フィリピンをはじめとする政府代表や国際獣疫事務局、国連食糧農業機関も関与するようになり、欧州審議会などでも議論されている。このように「動物の権利」よりも「アニマルウェルフェア」の方が現実的であり、動物の感覚への配慮や人間の責任を果たす上でも効果がある。

５．国連は「殺人ロボット兵器」を禁止する条約を成立させるべきか

ポストヒューマンのもう一つの流れとして、人間が創造した人工環境における「殺人ロボット兵器」論争に注目したい。「殺人ロボット」とは、殺傷性能力のある「自律型致死兵器システム（ＬＡＷＳ）」のことである。ＬＡＷＳについてまだ国際的に合意された定義はないが、「人間の介在なしに、敵を探し、判断して攻撃する兵器システム」という国際赤十

字委員会による定義が広く認識されている。つまり、人間の指令で遠隔操作する無人兵器とも、人間の監視下で標的を選択し武力行使する兵器とも異なり、ＬＡＷＳは人間の指令や監視がなく標的を選択し武力行使する。いわば「人間が輪の外にいる」兵器である。

ＬＡＷＳは現存しないが、科学技術の進展により近未来に出現すると予測され、事前予防をすべきだと考えた国際市民社会団体（アムネスティ・インターナショナルなど）は二〇一三年春に各国政府や国連にＬＡＷＳを禁止する政策措置を取るよう「殺人ロボット阻止キャンペーン」を開始した。翌二〇一四年から二〇一六年まで、特定通常兵器使用禁止制限条約（ＣＣＷ）の非公式会議で議論され、二〇一七年以降には政府専門家会合も開催されて、二〇一九年には11項目からなる「ＬＡＷＳ指針」（図2―5）が採択された。

各国政府や国連は殺人ロボット兵器を禁止する条約を成立させるべきである、という政策論題に皆さんはどのような立場をとるだろうか。

- 強くそう思う（大賛成）
- そう思う（賛成）
- どちらとも言えない（中立）

1. 国際人道法（IHL）の適用	7. リスク事前評価とリスク低減措置
2. 人間の責任（human responsibility）と説明責任（accountability）	8. 使用時のIHLや他の国際法義務（legal obligation）
3. 人間と機械のインタラクション	9. 擬人化の排除
4. 開発・配備・使用についての説明責任、人間による責任ある指揮・統制系統	10. 平和的利用を阻害しない
5. 国際法順守の国家義務（obligation）	11. 軍事的必要性と人道的考慮のバランス
6. 拡散リスク	

図 2-5　LAWS についての 11 指針

（出典）CCW（2019）

・そうは思わない（反対）
・強くそうは思わない（大反対）

(1)三つの賛成論

①問題解決

ＬＡＷＳ禁止条約を成立させることによって、人道的危機を回避することができる。ロシア・ウクライナ戦争はなぜ終わらないのか。アメリカのミリー統合参謀本部議長は、ロシアが侵攻を開始する直前に「ロシアがウクライナ侵攻すれば72時間以内にキエフは陥落する」（Heinrich and Sabes 2022）と発言していた。戦争が長引いている一つの理由は、ＡＩ兵器を研究開発するアメリカ、ロシアなどがウクライナで実戦データを収集してＬＡＷＳ開発を加速させているからとの見方がある。

ＬＡＷＳ指針11には軍事的必要性と人道的配慮のバランスが示されているが、終わりの見えない戦争と人道的危機を終わらせるためには、軍縮が有効である。安全保障的な軍縮は、軍拡競争を誘発しかねない軍備管理よりも効果が確実である。人道的軍縮については、対人地雷禁止条約（オタワ条約）、クラスター爆弾禁止条約（オスロ条約）、核兵器禁止条約などの先行事例があり、ＬＡＷＳ禁止条約もこれに続くことができる。

もう一つの問題は、責任を追及できない機械による殺人で、ＬＡＷＳ禁止条約によってこの問題を回避することができる。指針ではＬＡＷＳには国際人道法が適用されるとあるが、それができるのは人間の指示が確認できる時である。人間の応答責任と説明責任が明確になるのは、人間と機械のインターラクションがある時である。ＬＡＷＳ使用時に国際人道法や他の国際法的義務を負うのは人間であってロボットではない。ＬＡＷＳを禁止すれば、人間の責任や義務がより先鋭化する。

②比較優位

ＬＡＷＳ禁止条約を成立させることは、武器技術先進国への牽制になる。ＬＡＷＳはまだ現存していないので、軍縮ができるわけではない。軍備管理も難しい。核兵器国以外の国に保有を禁止する差別的な核不拡散条約は十分に機能していない。ＬＡＷＳを保有する国が出現してしまうと、同様の不拡散体制が繰り返されかねない。したがって、ＬＡＷＳ禁止条約がある世界とない世界を想定すると、予防的に禁止条約を成立させた世界の方が、武器技術先進国部よるＬＡＷＳ研究開発を制限し、牽制することができる。失明をもたらすレザー兵器が実戦配備される前にＣＣＷ議定書（一九九五年採択、一九九八年発効）で制限された先行事例もある。

さらに、ＬＡＷＳ禁止条約を多国間条約として成立させることは、多国間主義の強化につながる。もともと多国間主義は、二〇世紀に入ってから国際連盟や国際連合の集団安全保障の理論的支柱だった。安全保障理事会の常任理事国による拒否権の行使によって、集団安全保障が機能しない場合でも平和維持活動や平和のための結集決議など多国間主義が意味ある平和活動を展開してきた。国連を通じてＬＡＷＳ禁止条約を成立させることは、多国間主義における新しい世代の平和活動としての予防措置や予防する責任を強化することになる。

③目標達成

ＬＡＷＳ禁止条約を成立させることは、国連の「軍縮アジェンダ」（二〇一八年）の達成につながる。グテーレス国連事務総長は、軍縮と持続可能な開発目標（ＳＤＧｓ）の深い関係を指摘した。軍縮が持続可能な開発の実現につながり、持続可能な開発が軍縮を促す。「軍縮アジェンダ」は、人類を守るための大量殺戮兵器の軍縮、人命を救うための通常兵器の軍縮、未来世代のための軍縮としてＬＡＷＳへの新技術のリスクについて指摘している。「ＬＡＷＳが誕生する可能性は既に、相当の社会不安を生んでいる。人間はいつでも武力行使を統制できる立場にいなければならない」(Guterres, 2018) として、先進的な軍事兵器国を含む多くの国が予防的に禁止することを要請していることを指摘した (UN 2018, 55)。

⑵三つの反対論

①論破反論

標的だけを狙う精度が高い兵器こそが人道的である。ＬＡＷＳはＡＩと機械により自律的に正確に軍事標的に対して攻撃するので、ヒューマン・エラーによる誤爆がなくなる。つまり、標的となる戦闘員以外の民間人についても、操作する側の戦闘員についても犠牲を発生させない。その意味では、従来の兵器よりもＬＡＷＳの方が人道的なのである。かつてフランスの外交官にインタビューをした際にも、武装ドローンは巻き添え被害を極小化すると主張していた。軍事標的と民間人・民間施設を区別する原則などの法的順守を担保する能力を組み込んでおけば、人間感情に左右されることなく人間より慎重に作戦を遂行し、その行動についても正確に記録することができる。むしろＬＡＷＳを禁止すると、無差別攻撃や非人道的な結末を招く状態が続いてしまうのである。

もう一つの反対論として、ＬＡＷＳという特定の兵器システムを規制対象とすると、規制対象外の兵器開発を促すことになり、結果的に軍拡競争や軍備拡散といった悪い結果を招く。核兵器製造の歴史においては、核実験や核不拡散の規制を強化するたびに、核爆発を伴わずに放射線を出す放射能兵器や核爆発を伴わずに核爆発と同様の威力を持つ爆発性兵器が開発されてきた。ＬＡＷＳも禁止されれば、それに代わる精度や殺傷性の高い兵器が開発されるインセンティブを与える。あるいは「人間による統制」があればＬＡＷＳには該当しないとしても、どこまでが人間で、どこまでが人間による統制であるかが明確でないため、既にＬＡＷＳに近い自律的兵器が開発されていても軍事産業や開発国政府が「人間による統制」があると主張すれば事実上の軍拡となる。また、殺傷性がなくても「人間による統制」における意思決定支援のための自律性を高めるＡＩ軍事技術は対象外となりかねない。

②現状維持

ＬＡＷＳのように特定機能に限定した規制は、特定時期に特定国が持つ軍事能力を前提とせざるを得ず、国際技術格差を固定化する。核不拡散条約が一九六七年一月一日以前に核兵器を保有していた国を核兵器国と定めたのと同様に、予防的に禁止するにしても特定時期の国際的な技術格差の構造を容認することになる。そのため、ＬＡＷＳ禁止条約のない現状を維持する方が、むしろ自由で平等な国際的な技術開発環境となる。

また、ＬＡＷＳの予防的規制は、民生技術開発に悪影響を及ぼす。民生技術を軍事利用するスピンオンもあるが、軍事技術を民生技術にスピンオフする平和利用も重要である。核兵器の平和利用が原子力発電であり、化学兵器の平和利用は農薬・殺虫剤であり、生物兵器の平和利用はワクチンなどの医薬品にもなる。それぞれ物理学、化学、生物学のデュアルユース技術である。いわば数学・情報科学の軍事利用がＬＡＷＳであるが、自律性技術の研究開発を制限すると民生用ＡＩの平和利用も阻害しかねない。それは経済学的に見てもデメリットであり、デュアルユース問題のデメリットを回避するためには、ＬＡＷＳ禁止条約ではなく法的拘束力のない現行のＬＡＷＳ指針で対応すべきである。

③代案提示

法的拘束力のないＬＡＷＳ指針が不十分であるならば、法的拘束力のある国際法で対応することが可能である。軍縮条約に代わる国際法として、交戦法規、国際人権法などがある。現行の戦争合法性についての国際法（ユスアドベルム）では、戦争は国連憲章で違法となっている。ただし、自衛戦争（個別的自衛、集団的自衛）と集団安全保障は別である。ＬＡＷＳ使用による人間の役割や説明責任についての検討は必要だが、この構造はＬＡＷＳによる開戦法規にも該当する。

ＬＡＷＳの使用については、戦時国際法（ユスインベロ）、つまりジュネーヴ諸条約や追加議定書などの国際人道法が適用できる。第一追加議定書（第三六条）の「マルテンス条項」には、新兵器についての国際法が存在しない場合でも締約国は「人道の諸原則及び公共の良心」に基づく判断をすることが義務付けられている。軍事的必要性と人道的配慮とのバランス、軍事目標主義（戦闘員と文民の区別、軍用物と民用物の区別）、害的手段の制限（軍事的必要性、戦果と市民犠牲の均衡、不必要な苦痛の禁止）などの基準をプログラムに組み込むことができる。テロリスト等による悪用やヒューマンエラーによる事故の懸念については、人間が誤った操作を行なっても重大事故を招かないフールプルーフ設計や事故や異常事態が発生しても自動的に安全な状態にするフェイルセーフ設計を採用することでリスク評価やリスク低減を担保できる。映画『ブレードランナー』でレプリカントの寿命が四年間に設定されていたのもフェイルセーフの一例である。

国際人権法の観点からは、人間の尊厳と生死に関わる兵器使用決定を非人間であるＬＡＷＳに委任することが倫理的、道義的に受け入れられるのか。また戦争犯罪が発生した場合に誰が法的責任を負うのか。こうした課題はあるが、国際人権理事会が適用可能と判断する国際人権法の解釈を表明すれば良い。生命を奪われない権利は、ＬＡＷＳの問題に限ったことではない。戦争犯罪などが生じた場合の責任主体についても、国家責任、個人の刑事責任、製造者責任などがありうるが、最終的には自由権については国家責任となるだろう。脆弱国家や破綻国家の場合には、国際社会の責任となるだろう。

6. 社会科学から見たポストヒューマン

「動物の権利」や「自然の権利」は人文学的な哲学の議論の延長として展開してきた。「殺人ロボット兵器」は、科学技術社会の進展の中で議論が展開されてきた。社会科学は、社会的合意を形成する文脈で発展してきた。社会科学から見たポストヒューマンが人文科学や自然科学から見たポストヒューマンと異なる点は何だろうか。人文科学が主観的な真実を重視し、自然科学が客観的事実を追究するのを得意とするのだとしたら、社会科学はある程度の人々が納得するような相互主観的な現実としてポストヒューマンを論じている。

法学、政治学、公共政策、経済学、経営学、社会学、人類学、メディア論など社会科学にも様々な学問領域があるが、人間の数だけ主観がある立場でも、一つの客観しかないという立場でもない社会科学は、いくつかの主要な仮説が相互主観的に共有認識されている。「動物の権利」の強化にしても「殺人ロボット兵器」の規制にしても、社会的合意を形成するための対話を通じて現実が社会的に構築される。さらに、社会的に構築された現実は、対話によって脱構築されて、再構築されてゆく。

リベラルアーツが面白いのは、異なる分野の教員が同じトピックで学際的に授業を担当することで思わぬ効果を生むことである。「学際的」と言っても、英語ではマルチディシプリナリー、インターディシプリナリー、トランスディシプリナリーという表現がある。シンプルなオムニバス形式の授業は、マルチディシプリナリーな「混合」のようなものである。隣接学問分野によるチーム・ティーチングは「化学反応」に似ている。人文科学、社会科学、自然科学の学生と教員が多角的な視野から毎回対話を通じて「ポストヒューマン」という新たな学問分野を切り拓く試みは、「量子的飛躍」にも匹敵するトランスディシプリナリーな挑戦なのである。

引用参考文献

国際基督教大学英訳・遠藤ゆかり日訳 二〇二二『日英仏3言語 ビジュアル版 世界人権宣言』創元社

藤倉良「生物多様性の保全」太田宏・毛利勝彦編著二〇〇三『持続可能な地球環境を未来へ』大学教育出版

CCW. 2019. "Guiding Principles affirmed by the Group of Governmental Experts on Emerging Technologies in the Area of Lethal Autonomous Weapons System." CCW/MSP/2019/9

Guterres, António. 2018. "Remarks at the University of Geneva on the launch of the Disarmament Agenda,"

United Nations.

Heinrich, Jacqui and Sabes, Adam. 2022. "Gen. Milley says Kyiv could fall within 72 hours if Russia decides to invade Ukraine: Sources," *Fox News*, February 5, 2022

ICU. 1953. "Gist of Mrs. Roosevelt's Address at Convocation, May 27," *ICU Weekly Bulletin* Vol. II No. 5.

Regan, Tom. 1983. *The Case for Animal Rights*. Berkeley, CA: University of California Press.

Singer, Peter. 1975. *Animal Liberation: A New Ethics for Our Treatment of Animals*. New York: HerperCollins.

Snarr, D. Neil. 2008. "The Challenge of Human Rights," In Snarr, M. T. & Snarr, D. N., eds. *Introducing Global Issues*. Boulder, CO: Lynne Rienner.

United Nations. 2018. *Securing Our Common Future: An Agenda for Disarmament*. New York: Office for Disarmament Affairs.

3章　ニュートリノはニューロンの夢を見る?

やまざき　れきしゅう

1. テクノロジーとポストヒューマン

二〇二三年三月、理化学研究所などの共同研究グループによって国内初の量子コンピュータがクラウド上で公開された(大河原 二〇二三)。この成果には二つの重要なメッセージが込められている。一つ目は、新しいコンピュータの登場である。量子力学と呼ばれる微小な世界のルール、私たちの直観からはかけ離れたこのルールによって動くコンピュータは、その計算能力において既存のコンピュータを凌駕する「量子超越性」を有することが二〇一九年の研究で証明されている(Arute, F., et al. 2019)。今までの私たちの常識では想像もできない情報処理能力の誕生を垣間見ているのである。二つ目は、量子物体の私たちの世界への進出である。これまで原子や電子といった量子物体は、顕微鏡でさえも見られない極小の「量子の世界」でしか観測されてこなかった。この極小世界において量子物体は重ね合わせ状態や量子テレポーテーションなどと呼ばれる不思議な状態や現象を、一部の科学者だけに披露してきた。量子コンピュータの誕生は、これまで直接見ることや触ることが不可能な極小の世界でしか存在できなかった量子物体を、私たちが持ったり触ったり、さらには使ったりできる「マクロな日常に存在する物体」として現代社会に登場させたのである。

二〇世紀後半におけるコンピュータの発展に牽引され、テクノロジーは凄まじい勢いで進化を遂げてきた。その代表としてあげられるインターネットやスマートフォンは、私たちの生活が便利になったとか速くなったという量的な変化ではなく、私たちの生活スタイル・生き方自体を恒久的に変化させる相転移を社会に引き起こしてきた。さらなるテクノロジーの追求は脳への埋め込み可能なニューロチップ、様々なサイバー空間、ヒューマン・

オグメンテーション、そして量子コンピュータなどを創出してきた。これら新奇なテクノロジーのもつ圧倒的パフォーマンスや既存概念を逸脱した機能は社会を変えていくだけではない。知能、意識、肉体の限界や有限の命、精神と肉体の二重性、生態系の頂点としての人間、といった人類が普遍的と思ってきた諸概念がこれらのテクノロジーによって変わりつつある。つまり、これらのテクノロジーは人類（ヒューマン）の再定義、もしくはポストヒューマンとしての新しい生き方を要求する。それはテクノロジーという既存の衣をまといながらも私たちの想像しえなかった「他者の到来」なのである。

本章ではテクノロジーの進化、そしてそれがポストヒューマンという議論の中でどのような立ち位置にあるかを自然科学の視点から追っていく。また、それらを理解するうえで重要な非線形性や指数関数、そしてシンギュラリティ（特異点）といった概念を紹介していく。これらの議論を踏まえ数理モデルという眼鏡を通して見える現代社会の問題から、ポストヒューマンとは何か、その問題に私たちはどう立ち向かえるかを議論していきたい。

2．『ポスト・ヒューマン誕生』

ポストヒューマンとテクノロジーの関係を最も明らかに示している本の一つがカーツワイル（Kurzweil, R.）の『ポスト・ヒューマン誕生』である。カーツワイルは情報エンジニアであり起業家だが、未来学者とも呼ばれており特に人工知能の研究などで著名である。本章でも重要なキーワードである、テクノロジーにおける「シンギュラリティ（特異点）」という概念を提唱したことでも知られている。未来学者と呼ばれるとおり、バーチャルリアリティーの開発、インターネットやGoogleなどの大規模検索エンジンの普及、スマートウォッチ・スマートフォンなどの小型携帯端末の発展など、現代社会を変えた多くのテクノロジーの創出を数多く予言してきている。

この本の中でカーツワイルは、コンピュータが人類の知性を近い将来に超え、それによって人間は新しい存在に生まれ変わると予言している。その人類生まれ変わりのポイントをシンギュラリティと彼は呼んでいるが、それは遠い未来ではなくあと二〇年程度でその期を迎えると予測している。

彼はこの本の中で、世界の進化には以下の六つのエポックがあると論じている（カーツワイル二〇〇七、四九)。

- エポック1　物理と化学　(一〇〇億年前)
- エポック2　生物　(一億〜一〇億年前)
- エポック3　脳　(一万〜一〇〇〇万年前)
- エポック4　テクノロジー　(一〇〇年〜一万年前)
- エポック5　テクノロジーと人間の知能の融合　(一〇年後?〜一〇年前)
- エポック6　宇宙が覚醒する　(シンギュラリティ)

ビッグバンから始まった世界では、まず原子や分子構造が作られ(エポック1)、その後「生」という目的が刻まれたDNAをもつ生物が生まれ(エポック2)、脳が豊かになることで生物は外界との様々な情報をやり取りし環境に順応し(エポック3)、テクノロジーを通して人類は他の生物とは全く異なる特徴をもつ唯一無二の存在としてこの世界に君臨している(エポック4)。各々のエポックの下におおよその年代を記述してあるが、エポックが進むにつれて、その間隔が短くなっていることがわかる。進化の過程は先に進むにつれてますます速くなる、つまり進化は加速しているのである。エポック5や6ではこれらの進化が数年もしくは、それ以下という非常に短い時間で進むことが予想されている（カーツワイル二〇〇七、三九）。進化により凝縮していくこの時間間隔も、日本語にすると「特異点」と呼ばれるシンギュラリティの特徴を表している。ある過程で一〇年かかった進化が次のステージでは一年に短くなり、それが一か月、一日、一時間、一秒と短くなる。進化のとめどない連鎖は最終的にある時間の特異点である「瞬間」に向けて突き進む世界像を映し出しているのである。

カーツワイルの予想に関して一つの疑問が湧く。それは人類の長い歴史の中で「なぜ今」、もしくは近い将来にシンギュラリティが起こるのかという問いである。その答えはもちろん複数の要因が合わさったものであるが、一つの大きな理由として情報処理技術の発展、平たく言うと高性能コンピュータの開発があげられる。コンピュータの最も重要な要素、「電気で動かす電気のスイッチ」であるトランジスタは一九四七年に開発され、様々な技術革新を生みながら現在のコンピュータに至っている。その間、集積化と小型化、計算の高速化と大規模化が進められた。また大量生産により安価な商品としてコンピュータは市場に大きく出回るようになった。昔は大型の銀行や商社くらいしか所有していなかったコンピュータも、今では小型端末などもあわせると各家庭に数台あるほど普及している。またコンピュータを巨大な光ファイバーおよび無線の通信網とつなぎ合わせたインターネットは現代社会を牽引する大きなインフラへと進化した。それらを駆使した情報処理技術から、人工知能（AI）、機械学習、ビッグデータ、IoT技術、ロボティックスなどと言った一昔前にはSF映画でしか見られなかったモノや技術が次々と社会進出してきたのである。この情報処理技術の発展と近年起こるであろうさらなる技術革新がシンギュラリティの引き金になるとカーツワイルは予言している。

3. 非線形システムと特異点

カーツワイルの予言するシンギュラリティの特徴を少し詳細に捉える必要がある。自然科学では、ある現象に対して数学を使った様々なモデルを対応させ、そのモデルから定量的に現象の本質を調べていく。その過程においてモデルから様々な副産物が得られることがある。本節では数理モデルを用いて非線形性という概念とそれに関連する指数関数、また本章のハイライトでもあるシンギュラリティというアイデアが数理モデルの中からどのように出てくるか見てみよう。

(1)学習モデルと線形・非線形システム

まず誰かが勉強したときの学習時間と知識量の関係についての学習モデルをたててみよう。一番簡単な数理モデルである「線形モデル」を用いると、学習はy（知識量）＝ax（学習時間）と表すことができる。**図3―1**に学習の線形モデルを示す。グラフに描かれた知識量yの線は直線となることから線形モデルとよばれ、このような振る舞いをするシステムのことを線形システムとよぶ。グラフの傾きでもある係数aは時間にかかわらず一定だが「賢さ」を表す定数と考えてよい。例えばa=2, x=3時間の場合、知識量はy=6となるが、賢さが大きくa=4であったとするとx=3時間で増える知識量はy=12となる。aが大きければ大きいほど（賢ければ賢いほど）同じ時間で得られる知識量は大きくなる。また線形システムではxが増えるとそれに比例して知識量は増える、つまりa=2だとx=3時間勉強すると知識量はy=6増えるが、二倍のx=6時間勉強すると知識量もy=12と二倍に増加する。この線形モデルを用いた学習モデルでは時間が経つにつれて知識量は増える、いわゆる「学習」ができることが理解できる。

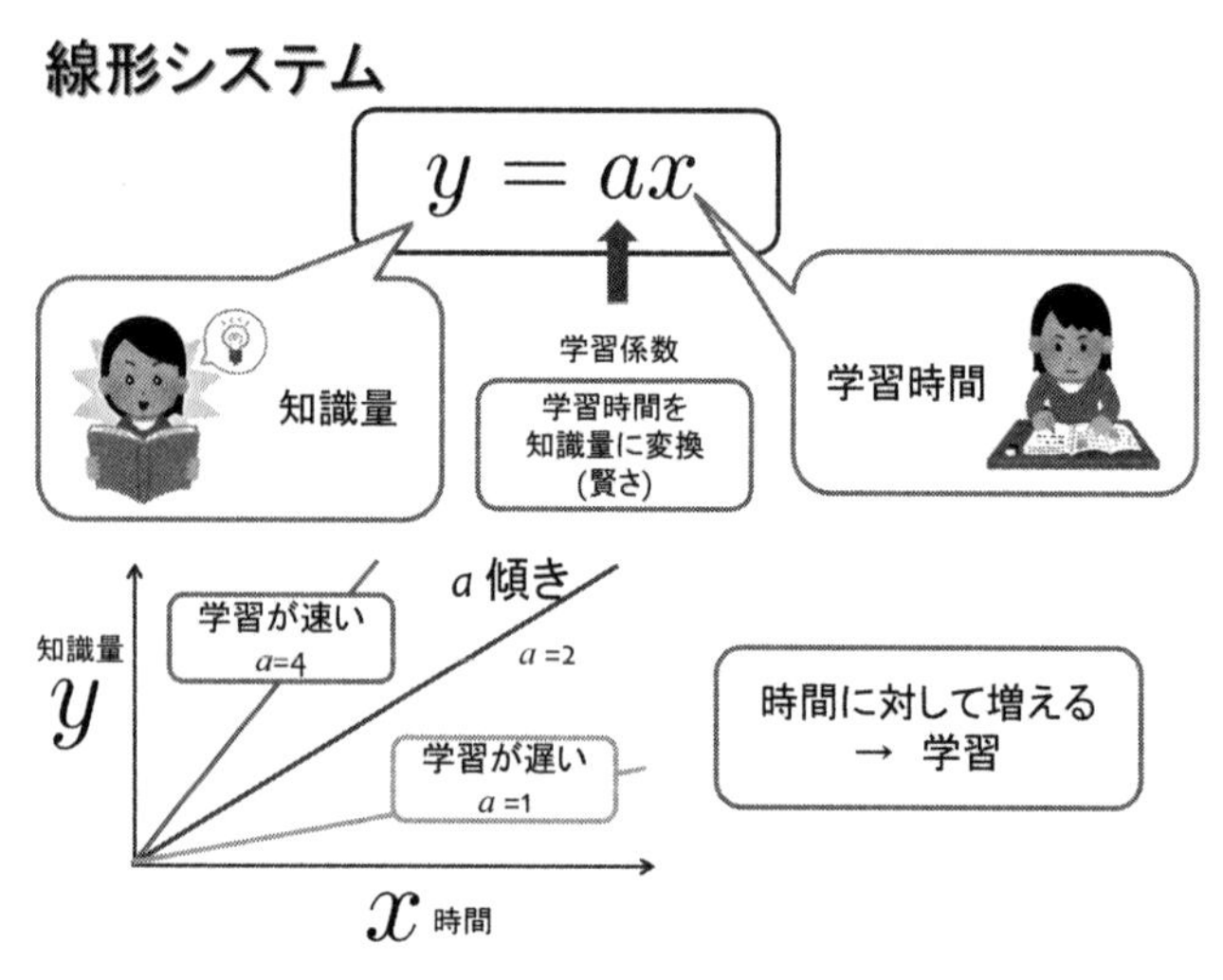

図 3-1　学習モデル：線形システム

（出典）筆者作成

しかし、この線形モデルは私たちの経験上の「学習」という概念にそぐわない部分がある。それは時間が経っても賢さaが一定（定数）なところである。小学一年生は一時間勉強しても簡単な漢字五個くらいしか覚えられないが、中学一年生にもなれば格段に難しい漢字をスラスラ覚えられるようになる。これは賢さaが時間とともに大きくなっているからである。

それでは図3―2左下のように今度はa（賢さ）＝bx（学習時間）というように、学習時間とともに賢さが傾きbで上がっていくような

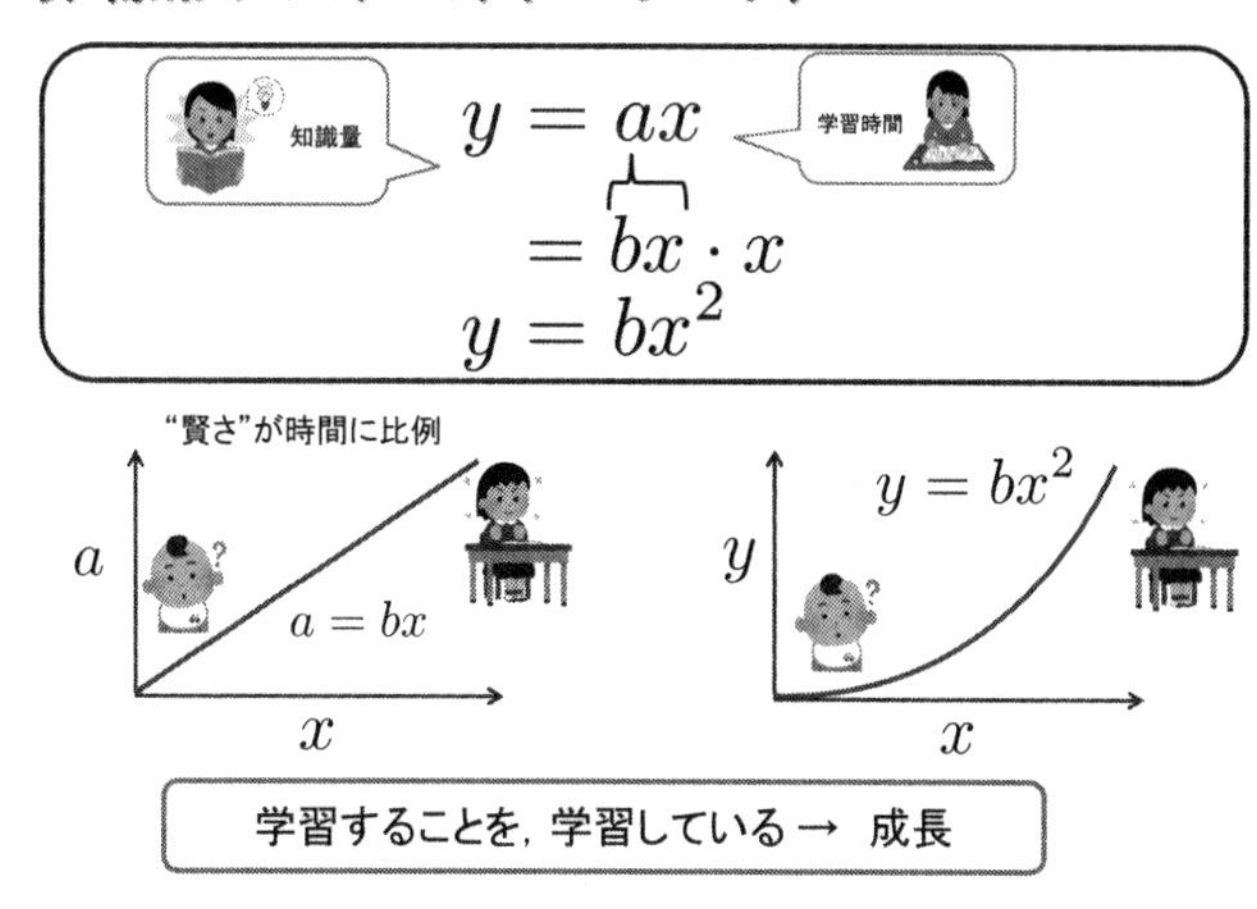

図 3-2　学習モデル：非線形システム

（出典）筆者作成

モデルを考える。この賢さを、先ほどのy（知識量）＝ax（学習時間）というモデルに代入すると、y（知識量）＝（bx）$x = bx^2$（学習時間の二乗）という式が得られる。この新しいモデルは図3—2右下のように学習時間xに対して知識量yが勢いよく上がっていく二次方程式の形になる。得られたグラフはもちろん直線ではないので、このモデルのことを「非線形モデル」とよぶ。この非線形モデルでは、二倍学習すると四倍知識量が増え、四倍学習すると一六倍知識量が増える。この知識量の増え方の解釈は、学習すると賢さが上がり勉強の効率が良

アスリートの非線形な成長
飛距離
練習時間
$y = ax$
$y = ax \quad \times x = bx^2$
$y = ax \quad \times x \quad \times x = cx^3$
工夫しだいで成長も（次数）も変えられる
→ さらなる成長へ

図 3-3　アスリートの成長に見る非線形モデル

（出典）筆者作成

くなる、そこにさらに学習すると先ほどよりもずいぶん勉強が進むと理解できる。つまりこの非線形のモデルでは「学習することを学習する」ことを可能にする「成長」という概念が入ってくるのである。

この成長という概念は「入れ子」にでき、さらなる非線形な効果を作り出せることもここで述べておこう。**図3―3**はアスリートの成長を考えたもので、ゴールとして飛距離yを伸ばすために練習時間xを費やす。そのときただ練習をするのではなく、筋トレをしておくと同じ練習時間でもその効果が上がる。加えて日々の食事に気を付けるようにすることで、筋トレの効果を上げることでさらに練習の効果が上がる。つまり「成長の、成長の…」のように様々な工夫でその効果を「入れ子」的に積み上げることでさらなる成長が期待できるのである。そしてその効果というのは $y=ax^n$ というように工夫の数 n が次々と x の次数を増やすような多項式のモデルとして考えられるのである。

(2)シンギュラリティと指数関数

非線形システムの特徴を内包した多項式のグラフから、これまで話してきたシンギュラリティの特徴が理解できる。**図3—4**左に多項式 $y=x^n$ の様々なグラフを描いてみた。$y=x$ よりも $y=x^2$ の方が増加が早い、さらに次数 n が増えれば増えるほど成長が急になるのがわかる。しかし、次数の高いグラフは実はあるところまでは成長がゆっくりなのもこのグラフからわかる。例えば $y=x^3$ のグラフよりも直線の $y=x$ のグラフの方が $x=1$ までは大きい、しかし $x=1$ から非線形のグラフは急成長する。特に次数が高ければ高いグラフであるほど、$x=1$ から急成長を示す。この点こそシンギュラリティ（特異点）の正体である。シンギュラリティとは、何かの成長がその時点から爆発的に起こる切れ目のことで、上記のような簡単なモデルからもその概念を理解することができる。

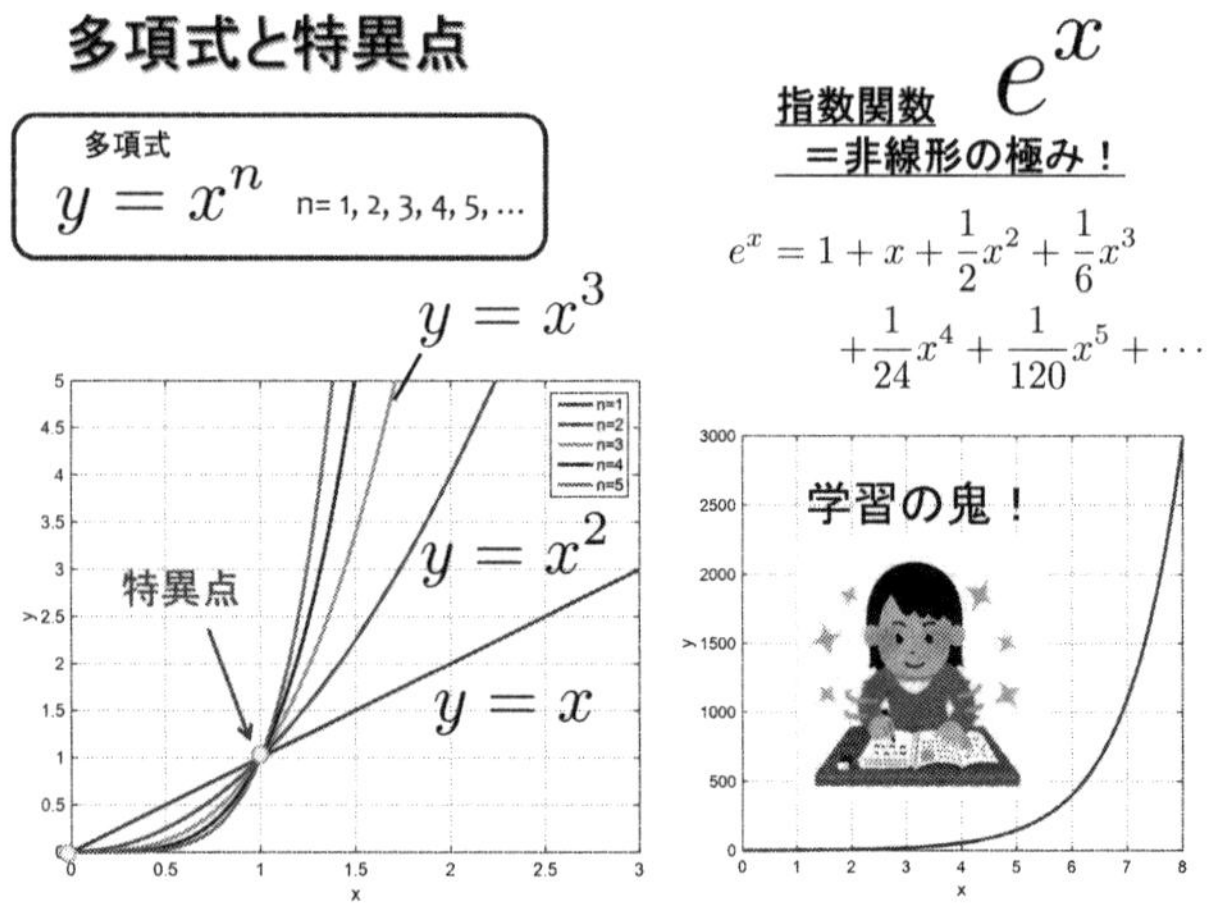

多項式と特異点

多項式

$y = x^n$　n= 1, 2, 3, 4, 5, …

$y = x^3$

$y = x^2$

$y = x$

特異点

n=1
n=2
n=3
n=4
n=5

指数関数　e^x

＝非線形の極み！

$$e^x = 1 + x + \frac{1}{2}x^2 + \frac{1}{6}x^3 + \frac{1}{24}x^4 + \frac{1}{120}x^5 + \cdots$$

学習の鬼！

図 3-4　多項式と特異点の関係

（出典）筆者作成

何か急激に成長するものとして「指数関数」なるものを聞いたことがあると思う。図3―4右にその例を載せてあるが、指数関数は高い次数の多項式のように急成長を見せる。数式では、$= e^x$ と表されるこの関数を別の書き方をすると $e^x = 1 + x + 1/2\, x^2 + 1/6\, x^3 + 1/24\, x4 + \cdots$　となることが知られている。細かいことを省くと、指数関数は多項式 x^n の成分（$x, x^2, x^3, \ldots$）がすべて詰まったような関数である。つまり、学習できる、学習することを学習すること、学習することを学習することを学習する…　の全ての成分を足し合わせた言わば「学習の鬼」、圧倒的な成長力をもった関数が指数関数なのである。

指数関数的な増加の特徴を少し紹介しよう。私たちの体は脳細胞・筋肉細胞・神経細胞・肝臓細胞など約三〇〇種類の細胞によって作られている。しかし、よく知られているように全ての人間は一つの受精卵という細胞からスタートし、細胞分裂を繰り返して約一〇〇兆個の細胞からできた身体を作り出す。一つの受精卵は二つに、二つの細胞は四つにと分裂し、初めは数えられるような増え方で分裂していく。しかしどこかで細胞数は激増したった五〇回程度の分裂を経るだけで一〇〇兆個の細胞を有する人体になるのである。もう一つよく知られているのは、月に届く紙の厚さの話である。紙を一度折ると一枚が二枚分の厚さになる、もう一度折り重ねると四枚分の厚さになる。先ほどの細胞の数のように、この紙を四二回折り曲げると紙の分厚さは地球から月までの距離になる。こちらも初めの数回は大した厚さではない、ところがどこかから爆発的にその厚さは増えたったの四二回で月まで届く分厚さになるのである。これらの爆発的な増加現象を指数関数的な増加とよぶ。

(3)数理モデルのまとめ

数学が苦手な読者もいると思うので、なるべく数式を避けながら本節の数理モデルから得た重要な概念をここでまとめる。まず一つめは非線形システムには「成長」という概念が存在することである。そして非線形システムの親玉とも考えられる指数関数は「学習することを学習することを学習する…」といった、とてつもない成長力をもった現象を表している。二つめはシンギュラリティ（特異点）の概念である。非線形システムの成長はどこかで急激に加速する、その点を過ぎると止められない爆発的な勢いで急成長を見せる、それがシンギュラリティである。

以上がまとめであるが、数理モデルから「学習」や「成長」といった一般的な概念、またそれらが見せる爆発的増加やシンギュラリティといった特殊な現象を導いてきた。数理モデルは数字の変化に「学習」や「成長」といった概念を対応させ、それらの概念に数で表される根拠を与えるのである。これらのアイデアの導出を数理モデルから見たことがない読者にはある意味の新鮮さが伝わればよいと思う。リベラルアーツにおける数理モデルはただの数学ではない。それは世界を新しい角度から記述する言語であり、人文学や社会科学という学問に新たな自然科学という次元を与えることにより、より立体的かつ多次元な世界を映し出すための知の営みなのである。

4．情報処理システムのシンギュラリティ

数理モデルの考察から基礎的なツールが揃ったところで、カーツワイルの予言している情報処理システムのシンギュラリティについて少し考えてみよう。情報処理システムとは基本的にコンピュータのことを指す。本節では情報処理システムの中身であるハードウェアとソフトウェアの違いに触れ、現在最高峰のコンピュータの情報処理能力や新奇なコンピュータである量子コンピュータの現状と可能性についても議論する。また機械学習や人工知能によるシンギュラリティへの道のりも検証してみよう。

(1)コンピュータ――ハードウェアとソフトウェア

コンピュータの「中身」は、その特性より二つのカテゴリーに分けることができる。一つめはハードウェアである。ハードウェアとはコンピュータの物理的な部品と考えてよい。なじみ深いキーボードやマウス、モニターなどもハードウェアで、これらは人間がコ

ンピュータに命令を送ったり、その結果を表示してくれたりする。我々の議論でいちばん重要なハードウェアはCPU（Central Processing Unit）で、コンピュータの制御・演算をつかさどるいわゆるコンピュータの「脳」として機能する計算ユニットである。二つめのカテゴリーはソフトウェアで、コンピュータを使って何を計算していくかという命令やコードであり、ソフトウェアのコードが複雑化すると様々なことができるようになる。よく知られているマイクロソフト社のワード（ワードプロセッサ）、エクセル（表計算）、パワーポイント（発表資料作成）やインターネットを閲覧できるGoogle Chromeのようなブラウザも様々な命令や演算をしてくれるソフトウェアである。キーボードなどを使って入力された情報をソフトウェアの指示通りにCPUが計算し、その結果をソフトウェアが指示を出してモニターに表示している。このような二人三脚でコンピュータは計算を進めていくので、もちろんハードウェアとソフトウェアの両方の性能が計算速度に物を言う。

コンピュータのメイン情報処理回路であるCPUチップは先述のトランジスタと呼ばれる「電気のスイッチ」で構成されている。このスイッチの質と量でほぼハードウェアの計算能力が決まっていると考えてよい。トランジスタ一個で一つの電気スイッチと考えてよく、これをたくさん並べてそろばんのようにスイッチをガチャガチャとオン・オフさせることでコンピュータは計算していく。もちろんトランジスタの数が多ければ多いほど複雑な計算ができるし、オン・オフのスピードが速ければ計算速度も速くなる。五〇年前に世界で初めて開発されたコンピュータチップのトランジスタ数は二三〇〇個であったが、現在のチップでは一〇〇〇億個を超えている。おおよそ一億倍のトランジスタ数を同じ大きさのチップ内に敷き詰めるには、トランジスタ自体の長さを一万分の一にする必要があるが、これらの課題を克服してきたコンピュータハードウェアの技術躍進は凄まじいものがある。

次にソフトウェアについて考えてみよう。ソフトウェアの善し悪しを決める要素の一つにアルゴリズムがあるが、計算を進める「手順」のことである。例えば「1から100までの整数の和は幾つですか？」という問題があるとする。まずは愚直に「1+2+3+…+100」と全て足していく手順（アルゴリズム1）を考えると、まず1と2を足して、それに3を足してという作業を繰り返し進めていくと九九ステップで計算が終わり答えが5,050になることがわかる。次に別のやり方（アルゴリズム2）を考える。ここでは、同じ計算をするのに数字の順番を「(1+100)＋(2+99)＋(3+98)＋…+(50+51)」と並べ替えて考える。そうすると括弧で書いた足し算が全て101になるのがわかると思う。この101の和（括弧の数）が50個あるのでこれら整数全ての和は、101が50セットで(1+100)×50=5,050になる。このアルゴリズムだと三ステップで同じ計算が終わることになる。このように同じ計算でも異なるアルゴリズムを用いることで計算ステップを格段に少なくし計算を単純化・高速化できる。つまりアルゴリズムには異なる「賢さ」があると考えてよい。

(2)スーパーコンピュータ

コンピュータの計算能力はハードウェアとソフトウェアの性能によって決まるが、どちらもこれまでの開発において素晴らしい成長を遂げてきた。その最高峰が大規模計算のために開発されたスーパーコンピュータ、通称スパコンである。ハードウェアにまずは焦点を当てると、現在最大級のスパコンは体育館のような大きさでその中には約一四〇〇兆個のトランジスタが搭載されている。この大規模コンピュータは、三〇メガワットという電気量(約三万世帯分の電気量)を使って、一秒間に4.4×10^{17}ステップ(440,000,000,000,000,000ステップ/秒)の高速計算を行う。この桁を見るとわかるが、そのパフォーマンスを想像することも難しいとてつもない能力を持った計算マシーンである。スパコンの計算能力向上は人類にとってこれまで困難であった様々な問題に対する理解や解決方法の提示を可能にしてきた。電車内におけるウイルス拡散ダイナミクス、地震の伝搬とその影響、台風の経路予測、薬品の化学的構造解析からその効果を露わにするなど様々な最先端研究に用いられている。

⑶量子コンピュータ

二〇一九年、Google の研究チームによって量子超越性の実証が報告された。量子超越性とは、量子コンピュータが既存のコンピュータをはるかに超越した計算能力を持つということである。この実証実験では、現在最も優れた計算能力を有するスパコンが一万年かかる計算を、一㎝四方足らずの量子計算チップが二〇〇秒で解いたのである。ちなみにこの量子コンピュータチップに入っていた「量子トランジスタ」の数はたったの五三個である。この実証ではもちろん量子コンピュータが得意とする計算が選ばれているが、それにしてもこの計算能力の違いは明らかである。量子コンピュータはまだ開発途上であり、計算機としてはまだ「電卓」のようなステージにあると言ってもよい。真の計算能力が花開く本当の量子コンピュータの開発まであと二〇年程度はかかると言われているが、今日ある「電卓」扱いの量子コンピュータでさえ人類がかつて見たことがないような計算能力を露わにしている。

量子コンピュータのさらに驚くべきところはその計算能力の上がり方である。現在のスパコンの計算量を部品の性能を上げないで単純に二倍にしようとすると、約二倍のトランジスタ数（2,800兆個）が必要だがそれをするにはスパコンの大きさを二倍にする必要がある。しかし、量子コンピュータの計算能力は「量子トランジスタ」の数を一個増やすたびにおよそ二倍に上がることが知られている。つまり、チップ内の量子トランジスタの数を五三個から五四個にすると計算量が二倍、五五個にすると四倍、五六個で八倍の計算量になる。これは先述の細胞の増殖や月まで届く紙の厚さと同じ指数関数的な増え方で、五〇回分裂すると身体ができる、また四二回折ると月まで届くような増殖のしかたである。そのような中、ＩＢＭ社は二〇二五年までに「量子トランジスタ」数を四〇〇〇個以上にすることを目指している。これがどれほど桁違いの計算能力を最終的に産むかは、科学者にも想像しがたい。量子コンピュータは量子超越性を担った計算機である。そしてその性能の進化も人類がかつて見たことのないペースで進んでいるのである。

(4) 情報処理の特異点

ソフトウェアや計算手法による進化も現れている。人工知能とよばれる分野では、自然言語処理や画像認識、そして人間のような「判断」を模倣するようなシステムも開発されている。また機械学習という言葉を皆さんも聞いたことがあるだろう。これはその名の通り学習できるコンピュータの開発である。ここまで来ると勘の良い読者であれば気づいているかもしれない。私たち人類が現在進めているのはとてつもないハードウェアの計算能力に加え学習能力があるコンピュータの開発であり、さらには学習することを学習する成長能力のあるコンピュータの開発である。「成長の、成長の…」可能なコンピュータの計算能力は指数関数的に増えていく。そしてコンピュータは疲れを知らない。初めはゆっくりと増加を見せながらも、どこかで爆発的に上がっていく能力。そしてそれはいずれ人類を追い抜くであろう。人類を追い抜いたコンピュータは自ら新しい物理を発見し、さらなる高性能コンピュータチップを開発する。それを作る工場を自ら動かし完成されたさらに高性能なチップを自己装填することで進化していくのである。そしてその進化のスピードは一か月から、一日、一時間、一秒…とある「瞬間」に向けてひた走る。これが情報処理の特異点である。人間が作り出したコンピュータが自発的に学習し、我々を超える時が予想されている。カーツワイルによると、コンピュータが人間の能力を超えるのは二〇二九年、そしてシンギュラリティの到来は二〇四五年といわれている。スパコンや量子コン

ピュータなどのハードウェアに加え、機械学習や人工知能の目覚ましい発展はさらにこのシナリオに現実味を与えている

カーツワイルはシンギュラリティの到来により人間は新たな存在であるポストヒューマンになると予想する。意識は脳から離れコンピュータやネット上に広がり、体は肉体から離れ機械へと溶け込む。有機体と無機体の融合、自己と世界を切り分ける膜ははじけ、そのとき世界は一つの巨大な存在となる。成長の成長を重ねてきた人類は情報処理テクノロジーという史上最大の武器を携え、とうとう自らをも変革する脱・人類(ポストヒューマン)の瞬間に突き進んでいるのである。

5.（人間から）自立する世界

これまでは非線形システムとシンギュラリティについての関係、またカーツワイルの議論をもとに情報処理システムの著しい発展によるシンギュラリティの到来について考えてきた。以上の議論はもちろん近々起こるであろうことが予想されているが、ある意味ＳＦのようで現実味が無いと思う人も多いのではないだろうか。では、テクノロジーの観点か

ら見たポストヒューマンとは未来だけの話なのであろうか。

ニーチェ（Nietzsche, F.）の有名な「神は死んだ」という言葉には全てが相対化され目的も基準も持たない人間への絶望が込められている。またその系譜を汲んだフーコー（Foucault, M.）は「人間の死」という言葉に代表される近代的主体の終焉を唱え、人類の営みが社会規範のような構造に規定されていると議論している。私たちが世界を動かし形成しているのではなく、世界が自分たちを動かしている。私たちは生きているのではなくこの大きな世界というシステムに生かされており、世界は自分とは無関係に動いていく。これらが正しいとすると、私たちが考えるヒューマンとしての主体的な人間性や能動性はとうに失われているのではないだろうか、ヒューマンはこの世には既におらずポストヒューマンの時代が到来しているのではないだろうか、といった疑問がでてくる。世界が抱える現代問題を先述の数理モデルを通して見ることで、現在の世界をポストヒューマンという観点からいま一度検証していこう。

(1) 指数関数で動く世界

世界人口の推移を図３―５上に示す。世界人口は二〇二二年一一月にとうとう八〇億人

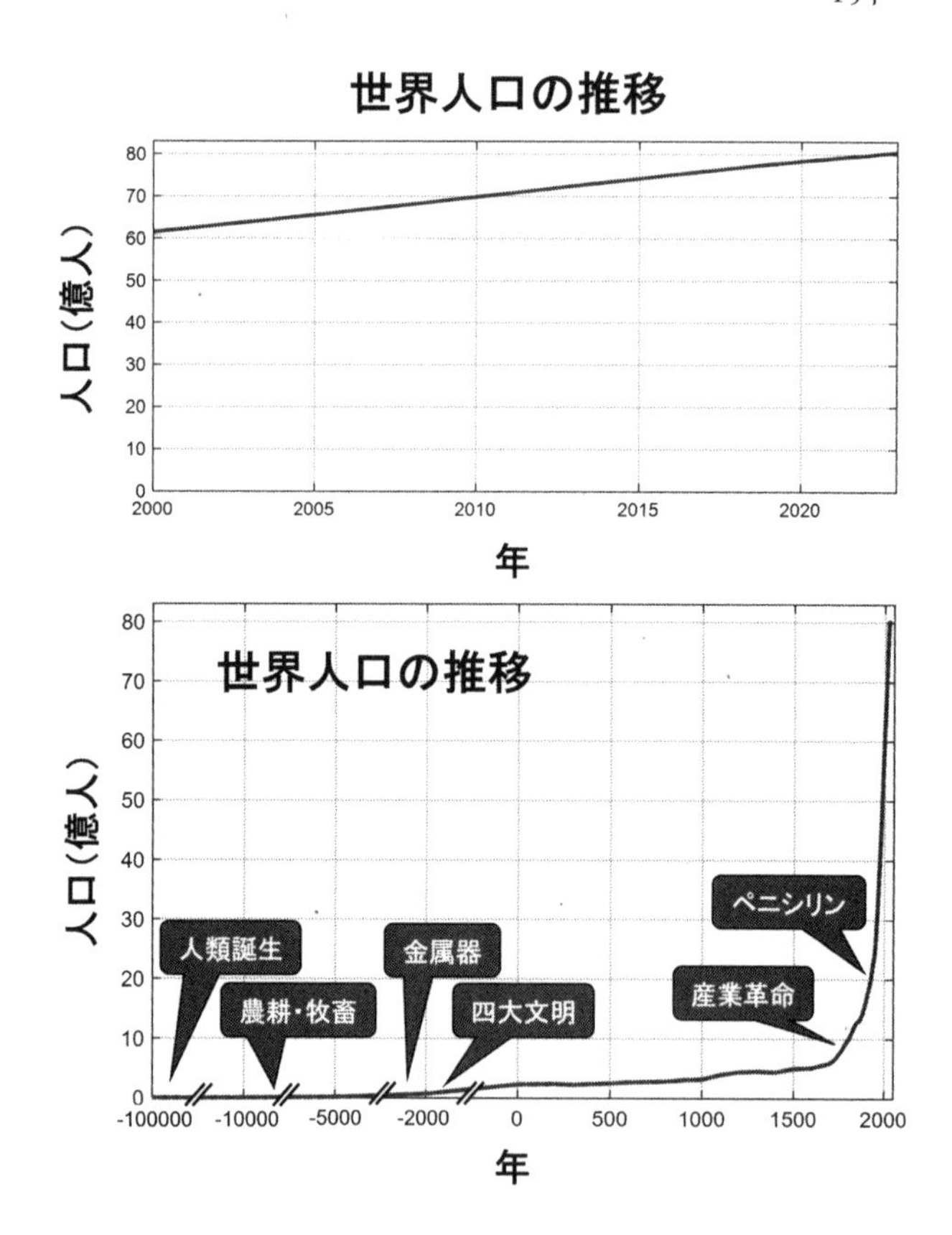

図 3-5　世界人口の推移

（出典）筆者作成（データ：United Nations, 2022）

を超え、線形に増えている。と言いたいところであるが、現代だけではなく人類の歴史における人口の推移を見てみると図3―5下にあるように指数関数的に増加しているのがわかる（どのようなグラフも狭い範囲だけを見ると必ず線形に見える）。この人口増加のトレンドが今後も継続すると、人口爆発による環境破壊や資源の枯渇、食糧不足による対規模な飢餓、経済格差と貧困層の拡大などが著しい世界問題として顕在化されると言われている。

指数関数は「成長の、成長の…」といった成長の連鎖の過程で生まれることを先に述べた。ではこの人口爆発の要因は何が引き金になっているのか見てみよう。グラフの数か所に人類史上における重要なイベントが記してあるが、農耕や牧畜の発展・金属器の発明・四大文明・産業革命・ペニシリンの発見などはパラダイムシフトと呼べるほど人々の生活や文化を根本から変えてきた。そして、これらのイベントでは異なるレベルにおける「モノをつくる人間」が誕生しているのである。そう、この「モノをつくる人間」こそがテクノロジーの源流であり、広義にはテクノロジーそれ自体と考えてもよい。「モノをつくる人間」は食糧生産を増大させ、生活に道具を与え、共同生活に必要な社会規律を作り、大量生産と物流を促し、公衆衛生を人類誕生時に比べると異次元のレベルにまで引き上げた。それらはもちろん連鎖的に次の時代の「モノをつくる人間」を生み出し、各々のステージで爆発的に人口は増えていったのである。これが「成長の、成長の、…」の要因である。現代社会における直近の人口急増の起点を見てみると、明らかに産業革命がその引き金になっている。産業革命からしばらく経った現在、情報分野や交通網の発展に促され地理的な国境はいよいよ不鮮明となり、グローバル社会の誕生へとつながっている。四大文明のように局所的に集まった人類がモノをつくり、人口が増えていくというプロセスを、今では「世界村」において進めているのである。

「成長の、成長の、…」と言われると響きが良いが、人口爆発は世界問題の様々な要因と考えられている。その一つとして、よく知られているプラスチック生産量・廃棄量の増大があげられる。一九五〇年以降に生産されたプラスチック量は八三億トンを超え、六三億トンがごみ廃棄されている(Geyer 2017)。また回収プラスチックごみの七九%は埋立あるいは海洋などへ投棄されている。現在リサイクルされているプラスチックは九%に過ぎず、現状のペースだと二〇五〇年までに一二〇億トン以上のプラスチックが埋立・自然投棄されることとなる。この量のごみを一メートルの高さで敷き詰めるとおおよそ三六万平方キロメートルの土地が必要になる。ちなみに日本の国土はおおよそ三八万平方キロメートルである。同様の問題は二酸化炭素の排出量にも見て取れるが、明らかにこれらの傾向は「止められない状況」にある。これまで人類は成長に成長を重ねて既存のテクノロジーや現代社会を築いてきた。人口増加のグラフの急な傾きを見るだけでも、それらを止めるのがいかに難しいか理解できると思う。

　ここでは最もわかりやすい現象の一つである人口増加の指数関数について述べたが、他にも現代問題としての指数関数は多く存在する。コロナパンデミックにおける世界の感染者数の指数関数的増加は、誰しもが息を呑みながら見ていたことと思う。また富の集中による貧困・社会的不平等、環境破壊、異常気象や自然災害、温室効果ガス排出量や資源・エネルギー消費など多くの問題が「止められない」指数関数的動向を示している。

　これら「指数関数的な問題」の解決が難しい理由は先述のグローバル化にも起因している。今後一〇年間で世界が抱える最も深刻なリスクとして挙げられている一〇個の課題を**図3―6**に示すが、人口増加に関連するものが非常に多い。また**図3―7**にはこれらのリスクがどのように関連しているかマップアウトされている。リスクは非常に複雑に絡み合い、一つの問題が複合的な問題を引き起こすのは目に見えている。実際、ウクライナにロシアの砲弾が着弾すると三鷹市の卵の値段が上がるような世界に私たちは住んでいるのである。同時に、これらの問題解決には多方面から取り組まなければならないのも容易に理

今後10年間

1	気候変動の緩和策の失敗
2	気候変動への対応策の失敗
3	自然災害と極端な異常気象
4	生物多様性の喪失や生態系の崩壊
5	大規模な非自発的移住
6	天然資源危機
7	社会的結束の侵食と二極化
8	サイバー犯罪の拡大とサイバーセキュリティの低下
9	地経学上の対立
10	大規模な環境破壊事象

図 3-6　今後 10 年間で最も深刻なリスク

（出典）World Economic Forum 2023

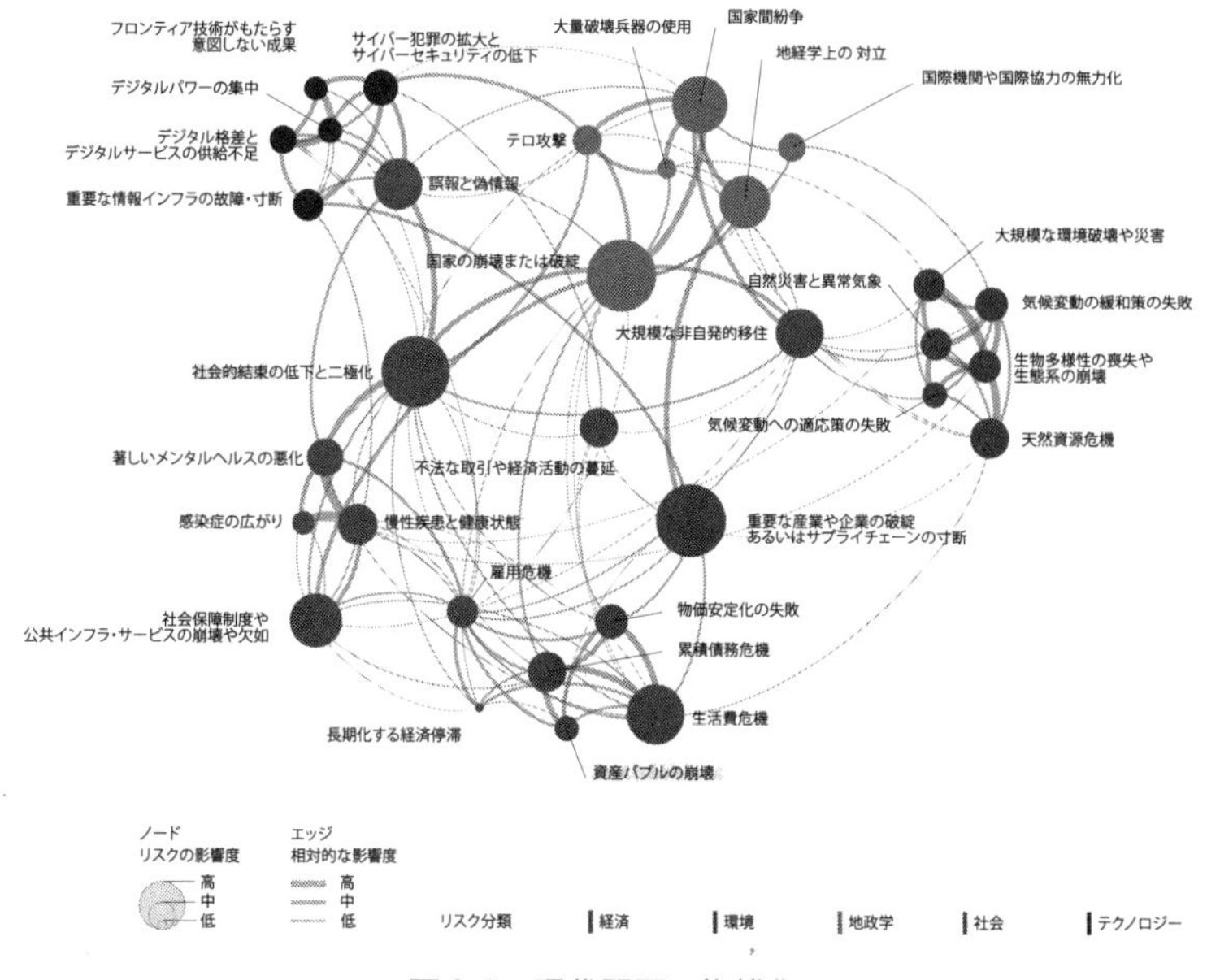

図 3-7　現代問題の複雑化

（出典）World Economic Forum 2023

解できる。この複雑化も上記の「止められない状況」を後押ししている。問題の一部だけを見ると全体の問題は見えない、しかし問題を解決しようと専門家を呼ぶとき、専門家であればあるほど一部のことしか見えないのである。また一部の解決が他にひずみを及ぼし壊滅的な連鎖を起こすことも考えられる、そのようなときの「暫定的だが、ある意味持続的な解決方法」の一つは残念ながら「触らない」ことなのである。世界には簡単には「触れられない」がために加速していく指数関数が多く存在する。二〇一五年に国連が掲げたSDGs（持続可能な開発目標）も同様の困難を語っている。SDGsは子供達でもわかるほど基本的な人間の権利や自然環境の在り方が掲げられているにも関わらず、現代社会はこれを容易に遂行できない。主体的で能動的に世界を変えられるはずの「ヒューマン」の姿はそこには見られないのである。

(2)自立する世界、孤立する個人

これまでは世界の問題を見てきたが、同様のことが個人の問題としても考えられる。二〇一一年の『機械との競争』では、飛躍的に向上するコンピュータや人工知能の性能を相手に人間がいかに闘わなくてはいけないかが議論されている（Brynjolfsson and McAfee 2011）。

また、二〇一三年にはオックスフォード大学の研究チームにより、労働人口の四七％が一〇から二〇年以内に機械に代替可能であることが推計されている（Frey and Osborne 2017）。この議論に関しては様々な意見があるが、二〇二三年現在においてもすでに銀行員（ATM）、レジ店員（オートレジ）、警備員（警備センサー・カメラ）など多くの職業が括弧書きの（テクノロジー）により置き換わりつつある。

　また情報の消費過多や情報依存といった傾向も様々な問題を作っている。二〇二二年の統計では、インターネット上には六四ZB（ゼタバイト＝1013ギガバイト）のデータが存在し、一日に五億回のツイートと一八三〇億通のメールが世界を飛び交っている。情報格差による社会格差やリアルからバーチャルへと進出した様々なネット犯罪も我々人類が生みだしたものである。また、これらの膨大な情報量に我々個人も毎日踊らされている。飛び交うフェイクニュースやネット詐欺などはもちろんだが、「再生回数が多い＝おもしろい動画」という価値観、友人が見ているものは逃してはいけないという危機感、匿名性を用いた悪質な発言、などにさらされた経験が誰しもあると思う。またターゲティング広告によるおすすめグッズや視聴履歴から算出されるおすすめ動画を自分が「良い」と思うたびに、本当に自分はこれが好きなのだろうか、もしくは世界にこれを好きにさせられてしまっているのだろうかという疑念が湧いてくる。

また多くの学生からネットやSNSでの時間がもったいない、もしくはスマートフォンがない生活をキャンプなどで体験したときに「充実していた」と思っているにも関わらず、それらを利用しない生活は考えられないということを聞いている。「おすすめ」が無尽蔵に飛び交い、果てしないコンテンツの海に溺れるように過ごしている私たちの生活の一部は既に人類の日常の一部である。そこから抜け出せないとき、はたして人類は自分の主体性・能動性をもったヒューマンとして生きているのだろうか。あるいは私たちは既にデジタル世界の機構の一部として取り込まれたポストヒューマンなのではなかろうか。

6.「人間性」その復権としてのポストヒューマン

グローバル化・情報化が進む現代における様々な社会問題は、複雑に絡み合ったトポロジーがその解決を困難にしている。またそれらの問題は社会だけではなく個人をも疎外し、「止められない」・「やめられない」人類を創り出している。私たちの意志や主体性とは乖離して進むこの世界、もしくは主体性を失った人類という意味では我々の社会の中に

「ポストヒューマン」は既に到来しているのかもしれない。しかもこのポストヒューマンは、空から宇宙人が突然降り立ってきたような不慮の出来事ではなく、「モノをつくる人間」である私たち人類がテクノロジを駆使して進んでこの状況を作ってきたことを忘れてはいけない。巨大産業による大量生産と大量消費、膨大な情報の生活への介入や人工知能の普及は私たちの生活をより便利にしている、しかしこれらが環境を破壊しネット依存やＡＩを相手とした就職への危機感を抱かせているのも避けがたい事実である。

では、この状況は打開できるのであろうか。

「モノをつくる人間」は一概には悪くないはずである、少なくともそう信じたい。これまで人類は「モノづくり」のプロセスを通して豊かな文化を育んできた。言語や習慣、バラエティー豊富な食事、音楽や芸術はもちろん様々な学問やスポーツ、そして宗教や共同体をつくってきた。集団としての人の中に人権や法律を設立することで個人だけではなく社会集団としての人間の営みを深め、また弱者に対する配慮や共生に向けた数々の試みを人類は行ってきた。それらのモノづくりは愛おしく尊い人間性を含んでいる。

同時に私たちは大量生産を伴う「モノづくり」の術も手に入れた。産業革命による工業の発展、資本主義や消費主義、そして競争原理に裏打ちされた「モノづくり」である。日々の生活に物があふれ、もちろん生活は一見豊かになった。しかし成長が成長を産み、止まらない生産、止まらない消費、止まらない欲望をもこれらの「モノづくり」は生み出してきた。残念ながら、これまで見てきた多くのグローバルな社会問題はこれらの「モノづくり」に起因するものが多くみられるのである。

私たち人類はポストヒューマンへの岐路に立っている。人類の前に現れた限界の壁を、ことごとく砕いてきた指数関数的なモノづくりの目指す先は「無限」である。一方、私たちの世界は「有限」な地球とエネルギーに縛られている。かつて共生関係にあった人類と地球からは現在大きな軋みがあがっている。かつてちっぽけであった人類のテクノロジーは今や地球をそして私たちヒューマンをも消費しつつある。人類を人類たらしめたる「モノづくり」がいよいよ人間性を奪いながらヒューマンを過去の遺物としつつあるとき、私たちにはどのようなチョイスがあるのだろう。

その一つは「モノをつくる人間」をやめることではないだろうかと思うかもしれないが、そんなことは簡単にできない。生活を支え文化を育んできた「モノづくり」は社会の隅々にまで行きわたり既に人類の一部である。そのすべてを捨てて人間は生きてはいけない。しかしじわじわと押し寄せる世界の軋みに合わせて、人類の大量消費主義に関する批判、これまで培ってきたモノづくりの中からある幾つかのモノづくりを捨てること、もしくは制限することができるのではないだろうかという動きが少しずつではあるが社会に顕在化してきている。その作業はもちろん簡単ではない。既に私たちの一部となった「モノづくり」を自ら削ぎ落すとき血は流れ肉は裂かれるにちがいない。これまで築いてきたテクノロジーという人間性を排除していく作業、自分を失っていく過程は痛みを伴う脱ヒューマニズムのプロセスになるはずである。しかしそれは真の意味での「人間性」の復権を目指す歩みになるのではないだろうか。「モノづくり」は豊かな文化と共に多くの不純物を生成してきた。私たちが必要としているのは、そのヒューマニズムが作り出した壮大な文化の中から蒸留のプロセスを経て澄んだ人間性のしずくを抽出すること。そしてその歩みの中に新しいポストヒューマンの世界が見えるのではなかろうか。それは、ポストヒューマンでありながらより人間的な、「人間性」その復権としてのポストヒューマンの姿なのではないだろうか。

引用参考文献

Arute, F., Arya, K., Babbush, R. *et al.* 2019. "Quantum supremacy using a programmable superconducting processor." *Nature* 574, 505–510.

Brynjolfsson, E., and McAfee, A., 2011. Race Against the Machine: How the Digital Revolution Is Accelerating Innovation, Driving Productivity, and Irreversibly Transforming Employment and the Economy.（村井章子訳二〇一三『機械との競争』日経ＢＰ）

Frey, C. B., & Osborne, M. A. 2017. "The future of employment: How susceptible are jobs to computerisation?" *Technological forecasting and social change*, 114, 254-280.

Geyer, R., Jambeck, J. R., and Law, K. L. 2017. "Production, use, and fate of all plastics ever made." *Science advances*, 3(7), e1700782.

Kurzweil, R. 2006. The Singularity Is Near: When Humans Transcend Biology.（井上健監訳／小野木明恵・野中香方子・福田実【共訳】二〇〇七『ポスト・ヒューマン誕生 コンピュータが人類の知性を超えるとき』ＮＨＫ出版）

大河原克行「理研ら、国産初の超伝導量子コンピュータ。外部から使えるクラウドサービスも」PC Watch（二〇二三年三月二七日公開）https://pc.watch.impress.co.jp/docs/news/1488658.html

United Nations, Department of Economic and Social Affairs, Population Division. 2022. *World Population Prospects 2022: Summary of Results.*

World Economic Forum, 2023. *Global Risks Report 2023*. https://www.weforum.org/reports/global-risks-report-2023

4章　ヒトはヒトを造れるか

――生命科学における技術革新とポストヒューマン

小瀬　博之

ヒトを超える存在をポストヒューマンと呼ぶならば、急速に進展を続ける生命科学の技術を使ってヒトはどう変わっていくのか。もっと究極的には、ヒトはヒトそのものを造れるのか。今はSFの話で実現していないが、最近の生命科学の技術発展を見ると、それがもしかしたらできるかもしれないと思われるようになってきている。奇しくも二〇二三年は、ワトソン(Watson, J. D.)とクリック(Crick, F.)の二重らせんの発見からちょうど七〇年目という節目の年でもあった。これまではヒトが持つ遺伝情報(ゲノム)を解読するだけの時代だったが、それを人為的な操作によって編集する、さらには全く新しい生物という作品を造り出すことを視野に入れた研究が進んでいる。ゲノムについては、DNAや染色体といった類似用語と混同している人もいるかもしれないが、ゲノムを自分たち人間が操作できるようになることは、確実に人間観や生命観に影響を与える。

1．二つのキーワードが問いかけること——ゲノム編集と合成生物学

本書の企画であるICUらしいリベラルアーツの学際的な取り組みに対して、本章では生命科学の視点から論点を提供する。キーワードは二つある。一つは、ゲノム編集 (genome editing) で、新聞などでもよく見かける言葉である。ゲノム編集は、「私たちは自身を変えることができるか (Can we change who we are?)」を問いかける。二つ目のキーワードは、合成生物学 (synthetic biology) で、もっと踏み込んだ問い「私たちは私たち自身を造れるか (Can we make ourselves?)」を問いかけている。

先に結論を言ってしまうと、ゲノム編集技術に関しては、ヒトを含めてほとんどすべての生き物の遺伝子の情報をかなりの自由度で改変できる時代に既になっている。合成生物

学に関しては、それによって完全な人工生命体をまだ造り出せていない。ただ、人工生命体は誕生していないが、その生命の根幹に関わる分子（ＤＮＡ）を純粋に試験管の中で作り出す技術は存在している。それを実際に細胞の中で機能させるところまではできている。これら二つの事実、またこれら二つの技術が向こう一〇年、二〇年さらに発展していった後に私たち突きつけられる問題はどういうものがあるのか。そもそもゲノム情報は私たちのアイデンティティの全てなのかについてもいろいろ考えさせられる。

(1)ＤＮＡ、ゲノム編集とは

まずＤＮＡとは何かについて、基本的なところから確認しておきたい。生命科学の一般教育科目の履修者や生物学メジャーを専攻する学生にとっては、かなり基本的な内容であるが、読者の背景が多様だと思われるので了承されたい。また、紙面の都合上、厳密性を犠牲にして、概念をかなり簡略して説明している点もご理解頂きたい。

ＤＮＡの二重らせん構造を発見したワトソンとクリックは、生物学界における二〇世紀最大の巨人と言われている。彼らはＤＮＡの形、構造を明らかにした。ＤＮＡという言葉は社会でかなり一般に普及しており、人格や法人格など格をもつ実体の本質を表す時、例えば「我が社のDNAはこの製品のこだわりに現れている」といった具合に用いられる。ところが、本来DNAという言葉はデオキシリボ核酸（deoxyribonucleic acid）という物質名である。その意味では、ブドウ糖とかエタノールとか鉄とか単に物質を指す名詞となんら変わらない。単に物質の名前であるDNAという言葉が何か「格式が高い」ものを指す用法で用いられるのは、生命体においてDNAが果たす役割による。DNAは遺伝という生命現象を担う中心的な物質である。DNAを構成している単位には四種類（アデニン［A］、チミン［T］、シトシン［C］、グアニン［G］）あり、それらがある規則性を持って繋がっている。DNAは全体としては糸のように細長い形状をしているが、その糸を電子顕微鏡以上の拡大率で観察できたと仮定すると、ATCGの四種類の塩基が糸の上に並んで存在している。さらにDNAは二本の糸が互いに絡まり合って二重らせんを形成している（図4―1）。この二重らせんの二本の糸のペアが一本の染色体に相当し、ヒトの場合、性染色体を含む二三本、二セット（計四六本）の染色体が成人を構成する約三七兆個の細胞ほぼ全てに格納されている[1]。それぞれの糸の文字列に着目すると、絡まり合った二本の糸の文字列は互いに対を成している。二重らせん構造の中で、AはTと、GはCとそれぞれペアを作って

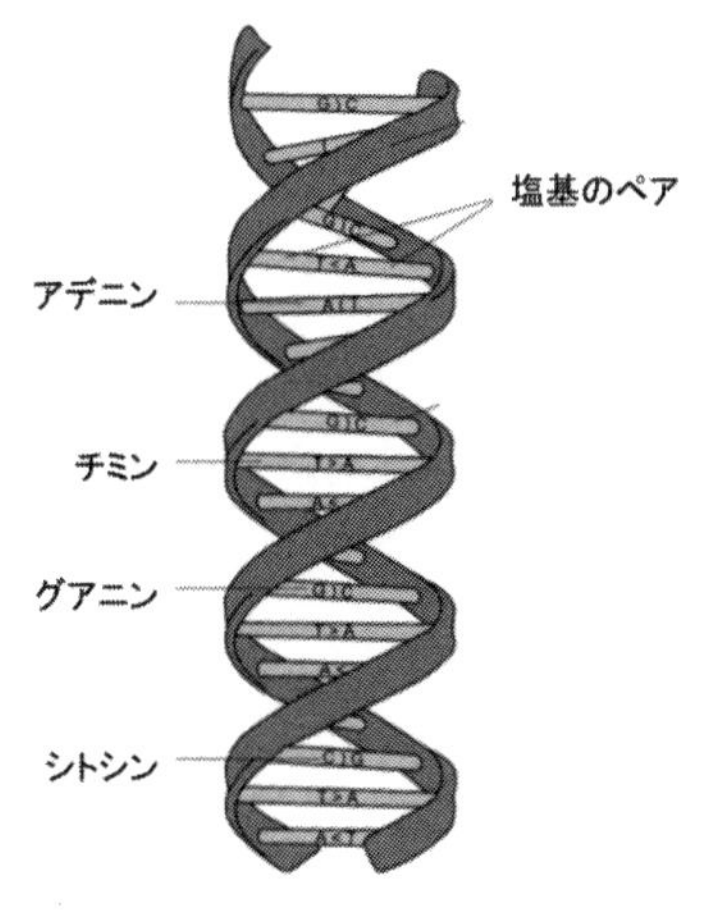

図4-1

(出典) Wikimedia commons https://commons.wikimedia.org/wiki/File: DNA-structure-and-bases.png (2006)

いる。これらのペアはジグソーパズルのピースのように、通常は決まったもの同士でしかペアを作らない。遺伝情報が次の世代に伝わるとは正確にDNAが複製されることを意味するが、このペアの規則性は情報伝達を肝とする遺伝という生命現象を分子の形から見事に説明した。ワトソンとクリックの論文の文末には彼らの興奮が伝わってくるような一文が書かれている[2]。

この文字列が地球上のすべての生物について解読されているわけではないし、ある特定の生物の全ての文字列の意味が解明されているわけでもないが、DNAが動物、植物、微生物を問わず、あらゆる生物に共通している点は極めて重要である。二〇一九年に始まったコロナ禍でmRNAワクチンという新しいタイプのワクチンが開発された。従来のワクチンは弱毒化したウイルス本体を接種するものであったが、mRNAワクチンはコロナウイルスのタンパク質をヒトの体内で作らせることで免疫反応を刺激する。ウイルスの遺伝情報を元にヒトの細胞でウイルスのタンパク質が産生できるのは、DNAの文字列情報の解釈や読み取られ方がウイルスとヒトで共通しているためである。

では、DNAの文字列は「文字」と喩えられる以上何か意味があるのだが、それはどういう意味だろうか。何か生き物を記述しようとする場合、様々な観察方法が考えられるが、観察しうるあらゆる特徴や性質のことを形質という。例えば、カブトムシの角の形、サクラの花びらの枚数、ウミウシの模様など目で直ぐにわかるものもあるが、コウモリが音波を探知する能力、ヒマワリが太陽を向く性質、細菌の増殖速度など、直接目では見ることができない観察に手間がかかるものも形質である。ヒトの形質だと、肌の色、風邪に対する罹かりやすさ、性格や知能などである。形質の中でほぼDNAの文字列によって規定されるものをメンデル形質という。有名な例としては、顎にできるくぼみ、富士額、幼少期にできるそばかす、耳垢(乾型、湿型)のタイプ、血液型などがある。これらの形質は、環境要因、つまり栄養状態、気温や気圧、日照条件、紫外線や化学物質など、遺伝要因以外の外的要因の影響を受けることなく、その個体が持つDNAの文字列によってほぼ一義的に表現型が決まってしまう。表現型というのはある形質の現れ方である。ABO血液型は形質であるが、A型、B型などそれぞれの血液型は表現型である。メンデル形質にはそれぞれ異なる遺伝子が関与していて、ある人の「顎のくぼみ」に関係するDNAの文字列を調べると、その人の写真をみなくても顎にくぼみがあるかどうかわかってしまう。日本人の約半数はパクチーが苦手といわれているが、まずいと感じるか、おいしいと感じるかを左右する遺伝子も報告されている。以上のような、いわば他愛もない形質がDNAの文字列で決まっているといわれても、雑談のよいネタになると思うだけかもしれない。アメリカのジョンズホプキンス大学で公開されているOMIM（Online Mendelian Inheritance in Man）というデータベースがあるのだが、ここには二〇二三年八月現在、二万七千件を越えるDNAに関するデータが公開されているが、この内六六九四件で表現型とDNAの文字列の関連が確立されている。この中には多くの遺伝病が含まれている。これは広く知られていることだが、ある人の疾患という機微に触れる形質もDNAの文字列によって知られてしまう可能性があることを意味している。DNAの文字列である人の全てが分かってしまうわけではないのだが、単純に外挿的に推論を進めると、「私は何者か」という究極の問いの本質はＤＮＡの文字列にあるという考えも成立しうる。もちろん、生物学だけでなく広い分野で議論が続いている。それでも、ＤＮＡの文字列は一人ひとりの特徴に大きく関係することは周知の事実であるので、ポストヒューマンという生物種はＤＮＡの文字列の限りない変化の末に誕生する「何か」ということになる。

現代の生命科学はＤＮＡの文字列を解析する技術が飛躍的に向上し、上記のようにＤＮＡの文字列の意味は次々と明らかにされているのだが、「顎のくぼみ」に関係するＤＮＡの文字列など、特定の形質に重要な遺伝子に関する知見を積算していくだけで、ヒトを理解できるとは考えられていない。その一つの理由は、遺伝子の働きは環境要因の影響を大きく受けることが知られているからである。例えば、一卵性双生児を思い起こして欲しい。一卵性双生児の指紋は似ているが、個体識別できないほど類似しているわけではない。また、子どもの頃は親でも間違えるほど見かけがよく似ているが、成年期以降では一卵性双生児とは分からないほど見かけが違ってくるケースが多い。少なくとも幼少期のようなそっくりの見かけのまま二人が成長するケースは稀ではないだろうか。このように環境要因が遺伝子の働きに影響することをエピジェネティックスという。エピとは「上位の」を意味するギリシャ語に由来するが、ジェネティックス（遺伝学）を越えて、上から制御するニュアンスがこの言葉に含まれている。私たちは経験的に知っていることではあるが、重要なことは表現型は遺伝子型だけではなく、環境要因からも影響を受ける場合もあるということである。

DNAの文字列のみが私たちを規定しているという仮説を直感的に捉えにくくしているもう一つの理由は、形質によっては一つの遺伝子のDNAの文字列によってのみ決まっているのではなく、複数の、それも場合によっては数百個にも及ぶ遺伝子が関与していることである。このような形質は多遺伝子性形質とよばれている。言葉は仰々しいが、具体的には身長、体重、性格、知能など、ありふれた形質が多い。また、糖尿病、高血圧、喘息、アレルギー性体質、アルツハイマー、癌など、疾患の中でも比較的ありふれたものが多遺伝子性疾患である。2型糖尿病に関して言えば、発症リスクに関係すると報告されている遺伝子は数百個に及ぶ。加えて、発症リスクを上げるとされる遺伝子であっても、それらが具体的にどのように発症リスクの向上に繋がっているのか詳しい分子機構が不明なケースがほとんどである。また、疾患の発症には遺伝的な要因と環境要因の相互作用も重要なので、多遺伝子性形質の疾患については、その疾患の発症を遺伝子解析から予測することは極めて難しいのが現状である。よって、ゲノム解析が普及しＤＮＡの文字列で個人の特定は当たり前になっている現代においても、ＤＮＡの文字列だけでその人となりを正確に言い当てることは不可能とされている。

以上のように、ＤＮＡの文字列の意味は時に運命的に個人の形質を決定するケースが知られている一方で、ＤＮＡの文字列が個人のすべてを決めているとも言えないというのが現代生物学の答えなのだが、もしＤＮＡの文字列を自在に書き換えることができるとしたらどうだろうか。自分の根幹に関わるものを任意に変更しうる技術的な可能性は、自我のありように対する考え方に大きな影響を与えずにはおかないだろう。過去百年の遺伝学の歴史を振り返ると、ＤＮＡの文字列を改変することで文字の意味を知ろうとしてきた歴史であったと言える。初めは化学物質やＸ線を用いて多くの変異体が細菌やキイロショウジョウバエなどのモデル生物を用いて作製された。このような手法はＤＮＡの文字列を任意の文字列に書き換えるのではなく、無作為に変化を誘発してその文字列の変化が形質にもたらす影響から文字列の本来の意味を探っていく考え方である。やがて、分子遺伝学は遺伝子を改変する技術に繋がる知見を次々に明らかにしていく。一つは、ゲノム上を移動する能力をもつトランスポゾンという遺伝子の発見である。ゲノムは遺伝子の総体を指す言葉である。遺伝子が日本国民一人ひとりとするなら、ゲノムは日本国民全体に喩えられる。このトランスポゾンの移動する能力と任意の遺伝情報と組み合わせることで、ある生物の遺伝情報を別の生物のゲノムに挿入することができるようになった。それはあたかも、パソコン上で短い文をある文章から別の文章へコピーペーストするように、ある生物のＤＮＡの文字列の中に研究者が新たな文字列を書き加えるようなものである。また一部のウイルスは宿主の染色体に自身の遺伝情報を挿入する能力があることが明らかになり、トランスポゾンと同様任意の遺伝情報の運び屋として用いられるようになった。まだ自由度に限りはあったが、研究者が任意の文字列を書き換えたり、書き加えたりする技術は徐々に確立されていった。八〇年代になって大腸菌や酵母では既に用いられていた相同組み換え法という遺伝子改変技術が哺乳類（マウス）向けに開発されると、その自由度は格段に上がった。この頃からヒトの遺伝子を改変する可能性が現実味を帯びてきたため、倫理的な懸念が強く議論されるようになる。それでも、ＤＮＡの文字列改変には時間とお金、それに熟練した技術が必要であったため、ヒトＤＮＡの改変、改良はせいぜいＳＦの話だと捉えられていたのである。そのような状況が一変したのが、二〇一三年に登場したクリスパー・キャス９法という遺伝子改変技術である。

シドニー・ブレナー（Brenner, S.）は二〇〇二年年にノーベル賞を受賞した二〇世紀を代表する生物学者の一人である。線虫という体長１㎜の線形動物をモデル生物として確立したこと、また日本人に身近な彼の業績といえばフグゲノムの解析を手がけたことが挙げられる。ブレナーは、フグは他の硬骨魚類と比べて、ゲノムサイズが小さいことに着目した。実験生物学でよりシンプルな生き物やより使いやすい（観察しやすい、操作しやすい）材料を研究対象に選ぶのは常套手段である。線虫に注目したのも同様の理由である。ブレナーが注目したＣ・エレガンスという種は体細胞が九六七個しかない。このブレナーが「科学の発展は、新しい技術、新しい発見、新しいアイデアに依存するが、科学の発展は恐らくこの順番に起こる」と言っている[3]。裏を返せば、革新的な技術がなければ、新しい発見も生まれ得ないとも考えられる。今や新聞など一般紙でもクリスパー・キャス９法という言葉を見かけるようになったが、これほど専門的な用語がそのまま使用されている事実は、昨今話題になっているChatGPT同様に影響力の大きさをそのまま物語っているといえる。クリスパー・キャス9法の原理はここでは触れないが、発見の大元を辿れば一九八七年に九州大学の石野良純が大腸菌のゲノムに見つけた特徴的な配列に辿り着く。この研究成果がきっかけとなって、大腸菌も、過去に感染したウイルスをより迅速に分解する仕組みを持っていることが明らかになったのだが、これはヒトでいうところの獲得免疫で、この発見は驚きを持って受け止められた。クリスパー・キャス9法はこの免疫機構を巧みに利用しているのだが、これにより研究者が意のままにDNAの文字列を改変（編集）できるようになった。クリスパー・キャス9法の最大の利点は、従来法と比べて圧倒的な簡便さでゲノム編集が可能なったことであろう。実際最初の報告後この技術を用いた研究論文は急増した。しかも、クリスパー・キャス9法では、ハツカネズミやキイロショウジョウバエなど限られた生物種でしか利用できない従来法の弱点が克服されていて、成功率に違いはあるものの広くさまざまな動植物種で使用可能であることが示されている。技術の簡略化はそのまま実験の実行に伴う投資リスクの軽減につながり、様々な動植物の遺伝子改変がアイデアの段階で留まらず実際に行われるようになっていった。

クリスパー・キャス9法を用いたゲノム編集作物の販売は世界に先駆けて日本で認可された。ギャバ（GABA）という成分をより多く含むように改変されたトマトである。ギャバは特に日本ではサプリメントとしての人気が高く、副交感神経の働きを促進することでストレスを軽減したり、高血圧を下げる効果があるとされている。この他に可食部増量マダイと高成長トラフグが認可、上市されている[4]。可食部増量マダイでは筋肉の成長を抑制する因子がゲノム編集技術で不活性化され、筋肉が増大している。高成長トラフグでは食欲の調節に重要な因子が改変されている。どちらも因子も、九〇年代に発見されたが、その後多くの基礎研究が報告され知見が蓄積されてきた。筋肉成長抑制因子も、食欲調節因子も複数の動物種で同様の働きをもつことが知られており、その意味においては期待された結果はかなり予想されたものであった。このように直ぐに応用可能な知見は潜在的に多数知られているので、パンドラの箱が開いてしまった今、ゲノム編集された生命体は今後も次々と創られていくと予想されている。そして、思い出して欲しいのだが、DNAは物質名である。物質としてのDNAがヒトとヒト以外の生物で共通しているので、クリスパー・キャス9法はヒトのゲノム情報の改変に応用できないと考える技術的な理由は何もない。実際二〇一八年世界を驚愕させるニュースが世界を駆け巡った。中国の研究者がクリスパー・キャス9法を用いて受精卵に対してゲノム編集を施し、双子を誕生させたというものだった。改変した遺伝子はエイズウイルスがヒトの細胞に入り込む際に重要な役割を果たすタンパク質である。従って、理論的にはこのタンパク質を作れないヒトはエイズウイルスに感染しない、つまり遺伝的耐性を持つことになる。実はこの双子は実在するのか疑問視されており、事の真偽は未だにはっきりしていない。しかしながら、それでもこの声明がもたらした影響は計り知れない。ゲノム編集技術の安全性についての慎重な議論の必要性は当然のコンセンサスとされていたため、突然の発表に戸惑いや焦り、怒りを感じた人も多かったはずだ。本書では詳細は省くが、ゲノム編集技術は改変のターゲットとなる遺伝情報ではない、ゲノム内の全く想定されていない遺伝情報をも変えてしまう可能性があり、その結果、疾患や老化、その他運動、精神機能に影響がでる可能性も指摘されていたのだ。しかしながら、もし仮に技術的な危険性が限りなく低いと想定しても、倫理的な懸念は容易に予想できるだろう。これは、親が子どもの性別、眼の色や知性、性格まで「設計する」デザイナー・ベビーの誕生という近未来への第一歩であり、生物学的なポストヒューマン誕生の第一歩でもあることは明白なのだから。

(2)合成生物学とは

合成生物学は日経バイオテクＨＰによると、「組織、細胞、遺伝子といった生物の構成要素を部品と見なし、それらを組み合わせて生命機能を人工的に設計したり、人工の生物システムを構築したりする学問分野のこと」とある[5]。「合成」という字面から、無生物である物質からの生命体合成を想像する読者もいるかもしれないが、合成生物学は生命体合成を含めた広い意味合いをもつ言葉である。地球上に存在しない生物を作り出すための考え方は二つに大別される。一つはトップダウン型である。前項で触れたＤＮＡの文字列の改変技術と分子生物学の知見を駆使しながら、現存する生命体を少しずつ変化させていくことで新たな生命体を作り出していこうとするアプローチである。もう一つはボトムアップ型で、こちらは生命体合成の考え方と近く、細胞を構成するＤＮＡやタンパク質などの生体高分子を化学的に試験管内で合成して、純粋に物質から人工細胞や生命システムの一部を再構築する試みである。

トップダウン型アプローチでは、ゲノム編集など遺伝子改変技術でゲノム情報を改変するのだが、従来の遺伝子組換え生物とは何が違うのだろうか。日本に遺伝子組換え食品が入ってきたのは一九九六年で、現在は大豆やトウモロコシなど九つの農産物で遺伝子組換え作物が流通している。害虫に強い遺伝子組換えトウモロコシは、微生物由来の殺虫効果があるタンパク質をトウモロコシに導入して作られている。また、糖尿病治療に欠かせないインスリン製剤のほとんどは酵母の遺伝子組換え体が作り出したものを精製しているのだが、これはヒトのインスリン遺伝子を酵母に導入した遺伝子組換え体である。これらの例からわかるように、従来の遺伝子組換え体はある生物種の遺伝子断片を別の生物種に導入したものであり、ある意味では単純な遺伝子の足し算である。単純と言ったが、遺伝子組換え技術そのものが決して単純なものではなく、膨大な研究と叡智の結集によるものであることは最大限強調しておかなければならない。これに対して、合成生物学は単なる遺伝子の足し算以上に手が込んだ遺伝子操作で、遺伝子が働くシステムを新たに構築するデザインという要素があるのである。一つの有名な例が、「ゴールデンライス」プロジェクトである。コメを主食とする東南アジアやアフリカではビタミンA（物質名：レチノール）不足が問題になっている。ビタミンA不足は、夜間の視力が低下するいわゆる鳥目の原因になるが、ＷＨＯによると二五〜五〇万人の子どもが毎年失明している。かつては日本でもビタミンA欠乏症が問題だった時代があった。ゴールデンライスプロジェクトは、遺伝子を改変して、ビタミンAの含有量が高い米を作り出すというものである。やや複雑な内容になるが、「遺伝子の足し算以上の操作」を理解して頂くためご容赦頂きたい。ビタミンAは栄養分として摂取されるが、体内でβカロチンという原料からビタミンAを合成することもできる。植物としてのコメはβカロチンを作る能力を持っているのだが、私たちが食する白米(胚乳)にはβカロチンはほとんど含まれていない。生体物質のほとんどにいえることだが、生体の中で合成される最終産物は一足飛びに作られるのではなく、複数の化学反応の結果一定の順序で徐々に合成(あるいは分解)が進むものである。βカロチンは**図4―2**に示されている順番で合成される。胚乳にはβカロチン合成経路の三ステップ前の物質(ゲラニルゲラニル二リン酸塩)は多く含まれている。よって、ゲラニルゲラニル二リン酸塩からフィトエンを合成する酵素と、フィトエンからリコピンを合成する酵素が胚乳で作られれば、βカロチンが大量に合成されると期待できる。そのために対応する遺伝子をコメゲノムに組み込むことが必要になる。プロジェクトでは、最大限の酵素活性を得るために、フィトエン合成酵素はラッパスイセン由来の遺伝子を、フィトエンデサチュラーゼ(フィトエンからリコピンを合成する酵素)は細菌由来の遺伝子が選ばれた。これら二つの遺伝子が組み込まれたコメは胚乳に通常の百倍以上のβカロチンが含まれていることが確認さ

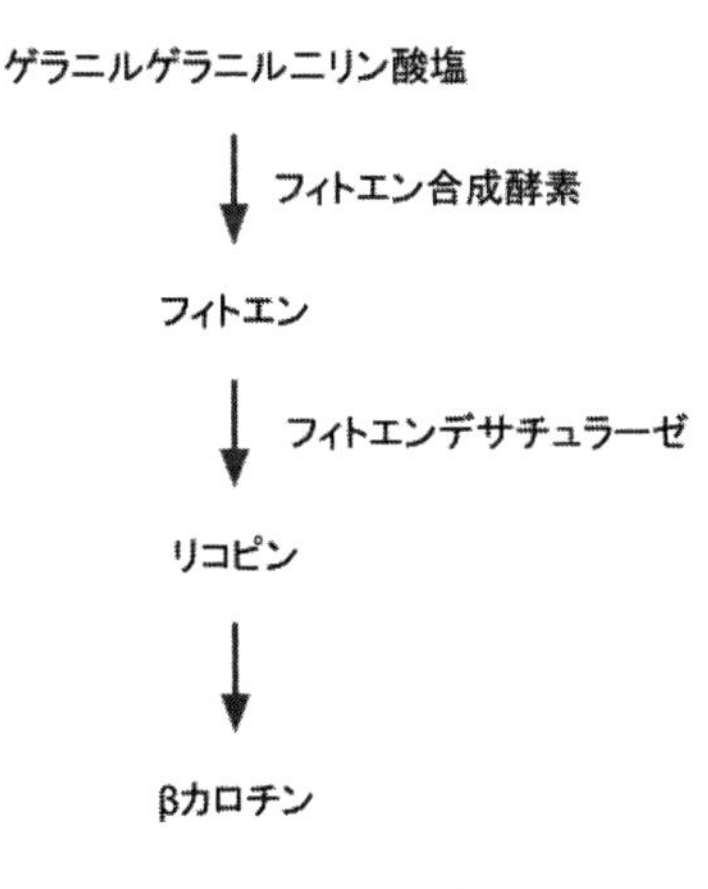

図4-2　βカロチンの合成経路

（出典）筆者作成

れた。ラッパスイセン、細菌の遺伝子はそれぞれの生物種において固有の役割がある。しかし、これらは特定の目的（コメの胚乳でのβカロチンの増量）の為に分子生物学的な知見から研究者がデザインして選定したものであることがお分かり頂けると思う。遺伝子を一種のパーツ（部品）と捉えて、自然界にはない組み合せをデザインして、ヒトの都合によい新種の生き物を作出する開発が進んでいる。その中には、ヒ素を検知する細菌、メンテナンスフリーで自律的に修復するコンクリート、特定の抗原を効率的に駆除する免疫細胞などが含まれるが、その応用例は留まるところを知らない。

　では、もう一つのボトムアップ型はどうだろうか。そもそも生物を無生物から作り出せるのか、という問いは古来からの大きな論争で、いわゆる生気論と機械論の対立である。生気論とは生命現象は物質には還元できない本質（生気）が伴っているとする考え方で、アリストテレス以来近代まで支持されてきた。現代の生物学では生気論は完全に否定されていて、生物は突き詰めると非常に精巧な分子機械であるとの立場をとる。この考えはDNAの文字列がその人を定義するものであるとの考えと親和性が高い。生気論が大きく揺らいだのは一八二八年のウェーバーによる尿素の合成である。生気論では生体が作り出す物質は「生気」による特別な作用が必要であり生体外では合成できないと考えられていた。現在では生体物質の多くは化学的に合成することが可能であり、比較的小さなものであれば、DNAもタンパク質も簡単に合成できる。また、生体内で起こる化学反応についても、それが試験管内で生じる場合であっても、物理化学的には等価である。例えば、私たちの体の細胞ではブドウ糖を分解する代謝経路が存在していて、多くの酵素により規則正しく、また細胞の栄養状態に応じてブドウ糖は分解されたり、逆に合成されたりしている。ブドウ糖の代謝をトータルでみると、酸素を消費して、水と二酸化炭素が発生して、その結果エネルギーが放出される。この反応を試験管で再現すると、つまり酸素中で燃焼すると、水と二酸化炭素、それに生体で生じるエネルギーと同じエネルギーが放出される。ブドウ糖の代謝に関する研究は、生物を化学的に理解する生化学の古典的な成果であるが、現代生物学はあらゆる生命現象——神経伝達、発生、運動、ストレス応答など——は、化学反応の集積で説明できるとの前提に立っているので、無生物から生物を作り出すことは理論的に不可能ではないと導かれてしまう。現時点では本当の意味での人工生命の合成は成功していない。しかしながら、クリスパー・キャス9法の登場でやがて遺伝情報の改変はパソコンでの文字編集と同じくらい簡便かつスピーディーにできるようなることが現実味をもって感じられるようになったのと同様に、人工生命体が本当に誕生してしまうことを予感させる研究成果が報告されている。

クレッグ・ベンター（Venter, J. C.）もまた二〇世紀の生物学の歴史に名を残す人物である。彼は世界の研究機関が共同で取り組んだヒト・ゲノムプロジェクトを、自ら会社を設立して単独で完成させてしまったことで一躍有名になった。ベンターの二一世紀の野望は人工生命体の作出だという。彼はまず二〇〇三年にφX174というウイルスのＤＮＡの合成に成功した。この合成ウイルスは自然のウイルスと区別が付かない振る舞いをすることを示したのだ。そして、さらに世界を驚かせたのが、二〇一六年に発表されたミニマム・セルである。彼はゲノムサイズが小さいマイコプラズマとよばれる細菌の一種に注目した。マイコプラズマは肺炎の原因になる寄生生物である。ヒトゲノムの文字列が三〇億字、私たちの腸内に常駐する典型的な大腸菌が四六〇万字に対して、マイコプラズマは約一〇〇万字である。一〇〇万文字というと文庫本で約八〇〇ページに相当するので、この分子を合成するのは容易ではないと想像できるが、ヒトゲノムの1/3000と考えると少なくとも相対的にははるかに「楽そうだ」とお分かり頂けるかと思う。それでも、高度な技術と幾多の試行錯誤の末、ついにマイコプラズマのＤＮＡを合成して、それを予めＤＮＡを取り除いたマイコプラズマ細胞に移植したところ、正常に増殖する能力を持つ「細胞」を復元することができたのだ。さらにこの一〇〇万文字から生存に必要な最小限の遺伝子に絞り込んで、五〇万文字のＤＮＡで生存するミニマル・セルを作り出した。物理学者のリチャード・ファインマン(Feynman, R.P.)は、"What I cannot create, I do not understand(自ら造れないものは理解できない)"と言ったとされる。少なくとも工学の世界では、なにかモノを理解しているなら、モノを構成する部品を組み合わせることによってそれを作れるはずだというわけだ。ミニマル・セルは、ＤＮＡ以外の細胞の部品は人工ではなく、生きた細胞に由来するので、真の意味で人工生命ではないが、この考えに従うなら、もし人工細胞が純粋に物質から作られたなら、名実共に生命はモノとして認識されることになるのだろうか。

2. 生命科学が問いかけるもの──アイデンティティーと起源

繰り返しになるが、デザイナー・ベビーも人工生命もまだ空想の域を出ていない。それらが実現するには、クリスパー・キャス9法やミニマル・セル級の技術的な大ジャンプが複数回必要だろう。それでも、これらの技術革新により「ヒトの遺伝子を大幅に編集できるようになるかもしれない、ヒトが物質から作り出されるかも知れない」と実感されるようになったことが重要なのかもしれない。技術的に到底不可能なら、ヒトは物質以上のなにかであるのか、そうでないのかといったいわば形而上学的な議論はどうせ検証できないのだから、ある意味静観していればよかった。しかし、実際に人工生命とさらにその先に来る人造人間が現実味を帯びてくると、そこに人間存在を脅かす側面があることを強く認識するようになるのはなぜだろう。

技術革新の常であるが、「それができるならやる」のは人間の性である。核兵器のように明らかに甚大な人道的悲劇をもたらす技術でさえ、人はそれを使用しないために核兵器開発以上の努力と忍耐が必要とされているのを私たちは目の当たりにしている。有用な動植物の開発に留まらず、合成生物学は生物学の枠を越えた、大きなうねりとなって進展している。今後も慎重な議論は続いていくが、ヒトの遺伝子改変は、遺伝病の根治治療などからやがて実現、実用化されていくと思われる。ひとたび一定の安全性が認められると、整形手術のような「ゲノム整形手術」を望む声は必ず上がってくるだろう。最初は眼の色を変えたいという類いの要望かもしれない。だが、それはやがて全くの別人になりたいとの欲望に変容していくのではないか。ヒトの遺伝子の多様性はヒトゲノム全体の〇・一％程度と見積もられている。これは二セットの染色体六〇億文字の〇・一％なので六〇〇〇万文字に相当する。単純計算で赤の他人二人のDNAの文字の違いは六〇〇〇万文字ということである。全くの思考実験だが、この二人の一人を構成する全ての細胞の六〇〇〇万文字分をもう一人のそれに改変すれば、そのもう一人が二人になるのだろうか。もしそうなら、改変前の一人はどこへ行ってしまったのだろうか。それとも、この人は全く別人、ポストヒューマンになったといえるのだろうか。倫理的な問題はあえて無視するが、それを近い将来実際に誰かが実行してしまったら、それを私たちはどう受け止めればよいのだろうか。

また、ヒトという動物種で考えるとどうだろう。ヒトに最も近い霊長類はチンパンジーであり、ゲノム上のヒトとの違いは約一％である。チンパンジーから漸進的にヒト型の遺伝子へ改変を続けると、フランケンシュタインまがいの「ヒトらしい」何かが生じる可能性がある。どこまで遺伝情報をヒトに近づけるとヒトになるのか、その境界はあいまいで、そもそもそのような境界が存在するのかすら分かっていない。ヒトゲノムプロジェクトが完了して二〇年以上経過しているが、「私」ばかりでなく「ヒト」でさえアイデンティティーをＤＮＡの文字列だけでは定義できていない。ＤＮＡの改変を続けることで、私が他人になれるのか、チンパンジーをヒトにできるのか、検証していくことになるのだろうか。

自分のゲノム情報を調べるために掛かる費用は近年劇的に下がり十万円ほどになっている。米国では多くの人が自分のルーツを知るため、またちょっとした自分探しを目的としてゲノム情報を調べるサービスを利用している。ゲノム情報は究極の個人情報なので、ＤＮＡ鑑定による個人の特定はもちろんのこと、現時点でも特定の遺伝病についてはその個人が発症していなくても、原因遺伝子の保因者であるかは直ぐに判明するし、将来的にはさらに多くの疾患のリスク、知性、性格、思想なども遺伝情報から推測されるようになる可能性がある。いわゆる遺伝子差別などを人々が実害として感じるようにならなければ、ゲノム情報の漏洩問題について世論が高まることはないのかもしれない。SNSの有効性が社会に浸透し、自分を曝すことに人々は抵抗を感じなくなっている。情報漏洩の危険性に対してかつてないほどに警鐘がならされているが、それでも人々は情報技術から得られる恩恵から、自衛的に警戒しつつもSNS自体を手放そうとはしない。同じように「ゲノム整形手術」についても、甚大な健康被害などの実害がなければ、あたかも他人のファッションをまねするように、際限なく受け入れられていく気がする。それでも、もし自分のゲノム情報に対する際限のない技術の利用に対して何か根本的な違和感を感じるなら、その根拠を各自が突き詰めて考えることが肝要だろう。その意味でゲノム編集技術の進展はその機会を与えてくれていると捉えることもできる。

自分の起源についてはどうだろう。人工生命に関する研究はヒトを物質から作り出す可能性を指し示している。二〇一六年に始まった“The genome project-write”という国際共同研究プロジェクトは、ヒトを含むさまざまな動植物の染色体の完全合成を目指している。プロジェクトの狙いは人造人間の誕生ではないが、ミニマル・セルのようにヒトの染色体をすべて試験管内で合成しそれを誰かの未受精卵に移植できれば、遺伝情報の観点から親がいない人を作り出すことに確実につながる。もし合成染色体から人を誕生させることができたなら、その人にとっての親はＤＮＡの文字列をデザインした研究者なのだろうか。人は自らの出自や起源を問わずにはいられない存在であるが、親がいない人は人として精神を正常に保つことができるのか。逆に出自が完全に知れているので、そのような問いかけすらしないだろうか。あるいは、もし出自や起源に疑問を感じなくなるようにゲノムをデザインできるなら、その人は出自に悩まず生きていくことができるのか。そもそも出自や起源を問わない生き物をヒトと呼べるのか。なにか堂々巡りが続いていくようだ。こういう問いかけには、誰も明解な答えを持たないことこそが唯一明確にいえることだが、安易に人造人間を誕生させてはならないという自発的な感情の中にこそ、人の人たる所以があるように思える。しかしながら、その感情も遺伝子の働きによるというのが現代生物学の前提になっているのだが。

ゲノム編集と合成生物。双方に共通することは、ヒトがヒトを含む地上の生き物を支配する力と領域の大幅な拡大である。欧米のキリスト教世界観では人は被造物であり、仏教の世界観においても人は創造者とはされていない。人造人間の誕生は人類が「創造主まがい」の存在になることを同時に意味する。その結果がどういうものであれ、それに携わった責任を研究者・技術者は負うことになる。しかし、その責任とはなんだろうか。また、誕生させてしまった「人」に対してどんな責任を負えるというのだろうか。核兵器の使用を決断した人物はその責任をとうてい負いきれるとは思えないのと同様に、人造人間誕生の責任の取り方を想像できない以上、越えてはいけない一線があるように思われる。ところが、人造人間が実際にどのようなもので、それが社会にどのような影響をもつのか現時点では誰にも理解できないため、その責任の取り方を考えるためには実際に作ってみなければわからないという矛盾も抱えている。つまるところ、生きものをどう捉えるのか。人はどういう存在か。生命科学が一歩ヒトの遺伝子を操作できるようになる度に、舞い戻ってくる永遠の問いである。

注

1 赤血球はＤＮＡを格納している核がない。また、一部の白血球は染色体の一部で組換えが生じているので受精卵時のＤＮＡを一部失っている。

2 Molecular Structure of Nucleic Acids: A Structure for Deoxyribose Nucleic Acid. J. D. WATSON & F. H. C. CRICK. *Nature* volume 171, pp.737–738（1953）

3 https://www.oist.jp/news-center/news/2019/4/5/Announcement-of-the-Death-of-Dr.Sydney-Brenner

4 二〇二三年八月現在

5 https://bio.nikkeibp.co.jp/atcl/report/16/011900001/20/04/10/00320/

5章　心は脳の産物なのか
——コンピュータは心を作りだせるのか

森島　泰則

近年、人工知能（artificial intelligence; AI）の目覚ましい進歩によって、一方では、ＡＩがもたらす明るい未来が描かれ、もう一方では、「人類滅亡」さえ持ち出されてＡＩがもたらすのは暗黒の未来だという警告もある。ユートピアかディストピアか。どちらの未来を描くにしろ、ＡＩがそれほど大きな社会変革をもたらすと人々が考える理由の一つが、人工の知能が人間の知能に到達する「シンギュラリティ」があと二十数年で到来し、その後さらに急速に能力を伸ばして、人間の知能を凌駕するという予言であろう。シンギュラリティ到達後の「ポストヒューマン」な機械は、超越的な知性を備えた機械として、意識を獲得し、自分の意志で行動できるようになり、力を獲得して、人間に取って代わるというのだ。そんなことが実現可能なのか。この問いは、知能や意識や自由意志――総称すれば「心」――とは何かを問うことに他ならない。

1．コンピュータは人間の知能を凌駕できるのか？

将棋、囲碁、チェスなどのボードゲームは、「頭脳スポーツ」とか「マインドスポーツ」とも呼ばれ、勝敗が偶然による「運」に左右されることはなく、完全にプレーヤの一手一手に現れる実力によって勝敗が決定する。そして、趣味や娯楽の域を超えた、それでメシを食うプロも存在するほど非常に高度な思考能力を要する競技ゲームである。それが……

- 一九九七年、ＩＢＭのディープ・ブルーがチェスの世界チャンピオンのカスパロフを二勝一敗三引き分けで破った。

・二〇一二年、富士通のボンクラーズが将棋の米長永世棋聖を百十三手で破った。
・二〇一六年、グーグルのアルファ碁が世界最強のイ・セドルに四対一で勝利した。

このように、二〇世紀終盤から二一世紀はじめにかけて、AIプログラムが次々と世界チャンピオンや名人を破り、AIの高度な知的能力を見せつける事件(?)が起きた。それが、今日のAIブームの引き金となったことは間違いないだろう。その延長線上に、シンギュラリティ予言の議論があると言ってよい。

では、そもそもAIが名人に勝てるのはなぜか。本当にAIは人間に匹敵する、あるいはそれ以上の知能が備わっているからなのだろうか。

チェスや将棋や囲碁では、駒や石の動きのルールも明確に決められており、盤上の駒や石の位置と動きによって、ゲームに関わるすべての情報が表わされる。このような世界は「閉じた世界」と呼ばれる。つまり、有限の盤がそのゲームの「世界」のすべてで、「世界」の状態は、駒や石の動き方とその配置によって完全に記号化できるということである。さらに、ある一つの場面の次に現れる可能性のある場面(つまり、打つことのできる「次の一手」すべて)も完全に把握することができる。したがって、対局中のある場面から次の場面へと勝利の道筋を辿ることが、原理的には可能だということである。

問題は、実際には対局中に現れる可能性のある場面が多すぎて、ある一つの場面から勝利の場面（チェックメイトや詰み）までの道筋を計算することは、それに要する計算量が膨大になるため現在存在するどんなコンピュータにも不可能である。これを「計算爆発」という。もちろん、人間にも不可能である。ちなみに、一回のゲームに現れ得る場面の組み合わせは、チェスでは、一〇の一二〇乗、将棋は一〇の二二〇乗、囲碁では一〇の三六〇乗と言われ、まさに天文学的数値となる。ちなみに人体の細胞の数はおよそ一〇の一四乗個と言われるから、これらの数値の大きさが少しは実感できるかも知れない。

ここで重要なことは、ボードゲームのような、形式論理による演算処理ができる課題は、計算（演算）処理装置であるＡＩにとって原理的には解決可能だということである。計算速度とアルゴリズムが進歩すれば、それだけ強くなるのである。そして、近年「ディープ・ラーニング（深層学習）」という学習アルゴリズムの開発とコンピュータの計算速度の向上によって、先ほど述べたような結果が生まれているわけである。

「計算」していると言えば、身近にある電卓も瞬時に数値計算をしてくれる。しかし、電卓が「思考している」とか「知能がある」とは言わない。ＡＩも計算（演算）をしているに過ぎないなら、チェスや将棋の対局をしているときにＡＩは自分の打った「手」を理解しているのかという疑問がわく。つまり、「形式論理による記号操作（演算・計算）ができる」と「意味が分かる」とは同じなのかという疑問だ。

2. 対話能力から知能を考える

この問いを考えるにあたって、直感的に捉えやすいのはことばの意味だろう。というわけで「言語能力（対話能力）」について考えてみよう。最近話題のチャットＧＰＴもまさにそのような例と言える。チャットＧＰＴはユーザーの質問や自分の回答を、私たちが「理解している」ように「理解している」のだろうか。

いきなり今日の最先端技術であるチャットＧＰＴを取り上げると話が複雑になりすぎるので、ＡＩの歴史を遡って、その初期に作られたイライザ（ＥＬＩＺＡ）という対話プログラムを取り上げたい。イライザは、一九六四から一九六六年に、ＭＩＴ（マサチューセッツ工科大学）のコンピュータ学者ワイゼンバウムが開発したプログラムで、対話するコンピュータ・プログラムの元祖と言われている。ワイゼンバウムは、このイライザを使って、ロジャーズ派心理療法士（カウンセラー）を模したプログラム、ドクターを作成した。ロジャーズ派心理療法とは、クライエント中心療法で、カウンセラーは同伴者であるとし、クライエントを分析したりせず、クライエントの心に浮かんだことをことばにするよう促して、それによって治療するという手法である。では、このカウンセラーを演じるドクターは、クライエントであるユーザー（対話者）とどのようなやり取りをするのだろうか。その例を少し見てみよう。ちょうどＬＩＮＥのようなインターフェースを考えればよい。ユーザーはコンピュータにキーボードで文を入力する。ドクターは画面上に応答の文を表示する。（以下の例は日本語訳）

ドクター：どんな症状か言ってください。
ユーザー：ひどい頭痛がするんです。
ドクター：それなら医者に診てもらう方がいいでしょう。私は心理療法士です。
ユーザー：分かりました。そうします。
ドクター：もう少し詳しくおっしゃってもらえますか。
ユーザー：何を言っているんです？　詳しく言うことはありません。では、また。

ドクター：どうしてそのようなことを言うのですか。
ユーザー：メチャクチャを言ってますね。
ドクター：どうして私がメチャクチャを言っているとあなたは思うのですか。

こういう具合に対話が「進む」。イライザ・プログラムは、どのような仕組みで応答を作成するのかと言えば、次のような非常に単純な規則しか持っていない。

- 簡単な構文解析を行い、抜き出したキーワードを決まり文句に埋め込む
- 入力された文からキーワードを拾い上げ、あらかじめ用意された反応パターンに従って返答を出力する。（例、「MOTHER（母）」を含む入力に対して、「あなたの家族についてもっと教えてください」と応答する。）
- 反応パターンは、多少修正、変形される。
- 一つのキーワードに複数の応答パターンが用意されている。
- 入力された文の話題に踏み込まない。
- ユーザー（クライエント役）の入力する文がドクター内の小さな知識ベースの範囲外だっ

た場合、ドクターは一般的な応答を返す（例、「頭が痛い」に対して「なぜ、頭が痛いとおっしゃるのですか？」、「母は私を嫌っている」に対して「あなたの家族で他にあなたを嫌っている人は？」）

つまり、イライザ・プログラムは、このような規則に従って形式論理による記号操作（演算・計算）をしているだけなのである。開発したワイゼンバウムの意図は、人工知能の見せかけを曝露することであった。彼はこう語っている。「人工知能では……機械がすばらしい働きをするように作られており、経験豊富な判定者でさえ驚かせることがしばしばある。しかし、ひとたび特定のプログラムの仮面が外され、その内部の仕組みが説明されると……その魔法は崩壊し、単なる手続きの集合であることが明らかになる。」ところが、実際には、彼の意図に反して、彼の秘書がドクターに夢中になり、真剣に「対話」していたというエピソードが伝えられている。

3．人工知能は擬人化の結果？

では、どうしてこのような単純なプログラムであっても、対話が成り立ちうるのだろうか。この問いに対する一つの答えとして、一九九〇年代に、スタンフォード大学のバイロン・リーヴスとクリフ・ナスが提唱した「メディアの等式」という理論を挙げておこう。リーヴスとナスは、仮想現実にも現実と同じ理論が適用できると主張した。人間の脳の適応力の進歩は仮想現実などの技術の進歩について行けないので、私たちは仮想現実や機械に対しても、人間に対するのと同じような社会的反応をするのだと言うのである。例えば、「専門家」というラベルのついたテレビと「一般人」と言うラベルのついたテレビで、同じニュースを観せた場合、「専門家」テレビを観た人の方が、「一般人」テレビを観た人よりもニュース報道の信憑性が高いばかりか、映像もより鮮明だという評価になったと言う。これは、一種の擬人化で、テレビという機械をあたかも人間であるかのように反応していると見ることができる。

擬人化と言えば、「ナショナル・ジオグラフィック・ニュース」というサイトに、アフリカ南部のジンバブエに一九九六年に建設されたビル「イーストゲート・センター（Eastgate Centre）」が紹介されているが、この建物は蟻塚の構造を取り入れているということで、その記事には「シロアリの知恵を空調に応用した……」とある。似たような例で、ある家電メーカーの空調の広告でもシロアリの蟻塚を「サバンナの空調アイデア」と紹介している。シロアリの「知恵」？「アイデア」？　シロアリに知恵やアイデア（考え）を持つ知能があると言うのだろうか。確かに、サバンナのシロアリの蟻塚は、空調性能に優れた巨大構造物である。シロアリはこのような蟻塚をどのように作るのだろうか。それは次のような手順でされる。

・そこらに転がっている泥玉の塊を転がしてくるだけ。
・泥や粘土の玉にはシロアリの好きな香りがあり、シロアリはその玉を香りが最も強い場所に置く性質がある。
・地上に置かれている玉が一番香りが強いので、次の玉は既にある玉の上に置かれる。
・すると、小さな泥の柱ができる。
・二つの柱が接触しそうになると、一方の柱からの臭いがもう一方の柱に玉を置こうとしているシロアリに影響するため、玉を少しもう一方の柱に寄せて置くようになる。
・柱が高くなるほど、お互いに影響を与え合い、柱はもたれ合って、アーチができる。

これを見ても、シロアリはいわゆる本能に従って行動しているのであって、知恵や知能と呼べるものがあるようには見えない。してみると、「シロアリの知恵」と言うのは、一種の擬人化による表現だと言えそうだ。それと同じで、ＡＩに「知能」を認めるのも、擬人化して「知能」があると思っているに過ぎないのではないか。

4．機械に意味を理解できる知能があるのか？

イライザは、確かに単純なアルゴリズムしか持たず、表面的な変換だけで応答文を返すプログラムだったが、その後、一九七〇年代初頭に、ウィノグラードが開発したSHRDLU（「シュルドル」と読むらしい）は、「理解」を伴う対話システムだと主張された。SHRDLUが「住む世界」は、コンピュータ画面上に作られた（つまり記述された）「積木の部屋」である。その積み木の部屋で、言語で入力された質問に言語で応答したり、言語による指示に従って、ロボットアームで積木を移動したり、積み重ねたりすることができる。例を見てみよう（Qは質問者、SはSHRDLU **図5―1**）。

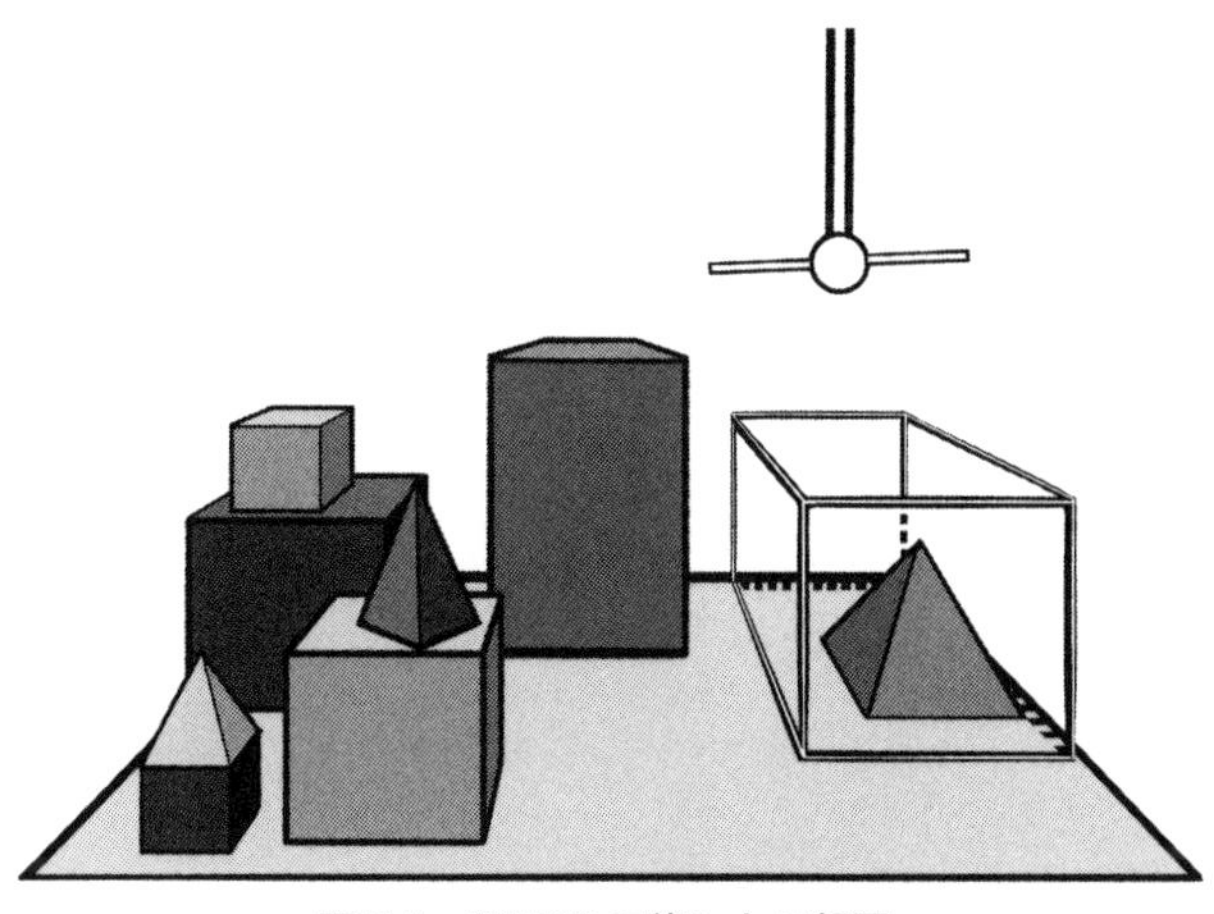

図 5-1　SHLDRU の積み木の部屋

（出典）筆者作成

Q：箱の中に何がありますか
S：青いピラミッド

Q：赤いピラミッドをつかんでください。
S：ＯＫ．（積木を持ち上げる）

Q：ピラミッドをつかんでください。
S：どのピラミッドのことか分かりません。

このように、SHRDLUは、入力された質問に適切に答えたり、指示を実行したり（実行できない場合はそれに応じた応答をする）することができる。先ほどのイライザは、こちらの入力文に対してとにかく応答文を返してくるが、こちらがちょっと意地悪な質問やひっかけの質問をすれば、チグハグな応答が返ってきて、簡単に会話が不自然になったり破綻したりする。それに対して、SHRDLUは積み木の部屋についての質問や指示に適切な応答をすることができる。このように場面や状況に適切な言動ができれば、理解している、したがって知能がある、と言えるのだろうか。

この問いに対して、イギリスの数学者で現代のコンピュータの原理を考案したアラン・チューリングは、「チューリング・テスト」と呼ばれるテストを提唱した。ＬＩＮＥのような対話システムで人間が一人の相手と会話をしたとしよう。その相手は人間かコンピュータであるが、それは人間には知らされない。実は相手はコンピュータだったのだが、一連の会話が終わったときに、相手が人間かコンピュータか区別できなかったら、テストに合格、つまりＡＩに知能があるとしようというのである。このテストの根底にあるのは、表面に表れた行動だけが客観的事実として判断材料となるのであって、コンピュータの中で何がどうなっているかは問題にする必要はないという考えだ。これに従えば、イライザはまず不合格だが、SHRDLUは合格するかも知れない。なぜなら、人間がするように意味を理解しているかのような適切な振る舞いをするからである。「チューリング・テスト」

によれば、SHRDLUは意味を理解している、したがって知能があるという結論になるのだろう。

一方、この結論に反論する学者もいる。アメリカの哲学者のジョン・サールがその一人だ。彼は、コンピュータは人間のように意味は理解できない、したがって思考もできないと主張している。彼の議論の中でサールは、「中国語の部屋」と呼ぶ思考実験を提案する（図5−2）。ここに、外部からメッセージが入力される穴とメッセージを出力する穴だけでその他は外部と遮断された部屋があるとしよう。この部屋に中国語の文が入力され、それに応答文を中国語で書いて出力するとする。さて、部屋の中には中国語をまったく何も知らない人がいる。また、部屋の中には中国語のすべての文への返事の仕方（変換規則）が書かれた本がある。この人は、入力文の意味をまったく解さないまま、ひたすらこの本に書かれているルールに従って応答文を書くのである。もちろん、書いている文の意味もまったく理解していない。しかし、出力された応答文は正しい意味の通る中国語の文になっているという想定である。

気がついたと思うが、中国語の部屋はコンピュータの比喩である。部屋の中の人は中央演算装置（CPU）、ルールが書かれた本はコンピュータ・プログラムである。コンピュー

図5-2　サールの「中国語の部屋」

(出典) 筆者作成

タの演算装置は、プログラムに書かれたルール(アルゴリズム)に従って、文字通り機械的に入力された記号情報を変換処理して、出力となる記号情報を作成する。サールの議論はこうだ。「中国語の部屋」の中の人は、まったく中国語を理解しないで、部屋の中にある本(ルールブック)に「機械的に」「盲目的に」従っているだけだ。ルールに従って形式論理に基づく演算(計算)処理するだけでは「理解している」ことにはならない。コンピュータも、まさにこの部屋の中の人と同じで、ルールに従うこと(形式論理に基づく演算処理)しかできないので、コンピュータが意味を「理解する」ことにはならない。サールの議論に基けば、イライザもSHRDLUも、そしてチャットGPTも意味は理解できない、従って人間のような知能はないという結論になる。

5．思考（知能）は脳に還元できるか？

では、私たち人間はどうだろうか。私たちが意味を理解し、思考することは疑いようがない。これが大前提である。では、思考はどのように行われているのだろうか。今日、多くの科学者が、思考（知能）を含む心は脳に還元できるという立場をとっている。心は脳の機能（はたらき）であって、それ以上ではなく、物質のほかに心的なものがあるというのは思い込みだという主張である。例えば、解剖学者の養老孟司は、『唯脳論』という著書の中で、心は存在しない、脳だけが存在すると述べている。また、DNAの二重螺旋構造を解明したフランシス・クリックは、『DNAに魂はあるか』という著書の中で次のように書いている。「あなた——つまりあなたの喜怒哀楽や記憶や希望、自己意識と自由意志など——が無数の神経細胞の集まりと、それに関連する分子の働き以上の何ものでもない」（クリック一九九五、一三）。もちろん、このような主張に対する反論もある。例えば、脳科学者・神経心理学者の山鳥重は、「物理・生化学的現象と主観的心理現象の間に単純に因果関係を想定するわけにはいかない」と述べている。

これからさらに心と脳の問題を考えていくが、その前に、簡単に脳を見ておこう。脳は実に複雑な臓器であって、重要な特徴がたくさんあるが、紙面の都合上、ごく一部だけにとどめておく。成人の脳は約一・四kgで、体重のわずか二%ほどだが、脳の酸素消費量は全身の二〇%にも達する。脳がいかに多くのエネルギーを消費するか分かるだろう。脳は一四〇億個もの神経細胞（ニューロン）（**図5―3**）が巨大な神経ネットワークを形成し、一つひとつのニューロンが、一秒間に最大千回の神経インパルス（活動電位）を時速四三〇キロで何万という他のニューロンに送って互いに情報を伝達している。

この脳内の信号伝達によって脳は機能している。思考もそのような機能の一つである。この信号伝達の仕組みをもう少し見ておこう。活動電位の**図5―4**を見てほしい。今、一つの神経細胞（ニューロン）の外側に対する細胞の内側の電位がマイナス六〇ミリボルト（-60mV）であるとしよう。これが静止電位の状態である。ニューロンが刺激を受けるとナトリウムチャネル[1]が瞬間的に開き、細胞の外側に存在するナトリウムイオン（正の電荷をもつ）が細胞内に流入する。すると、細胞外に対して細胞内の電位が＋となる。この一連の電位の変化が「活動電位」である。活動電位が発生することを「興奮の発生」とも言い、

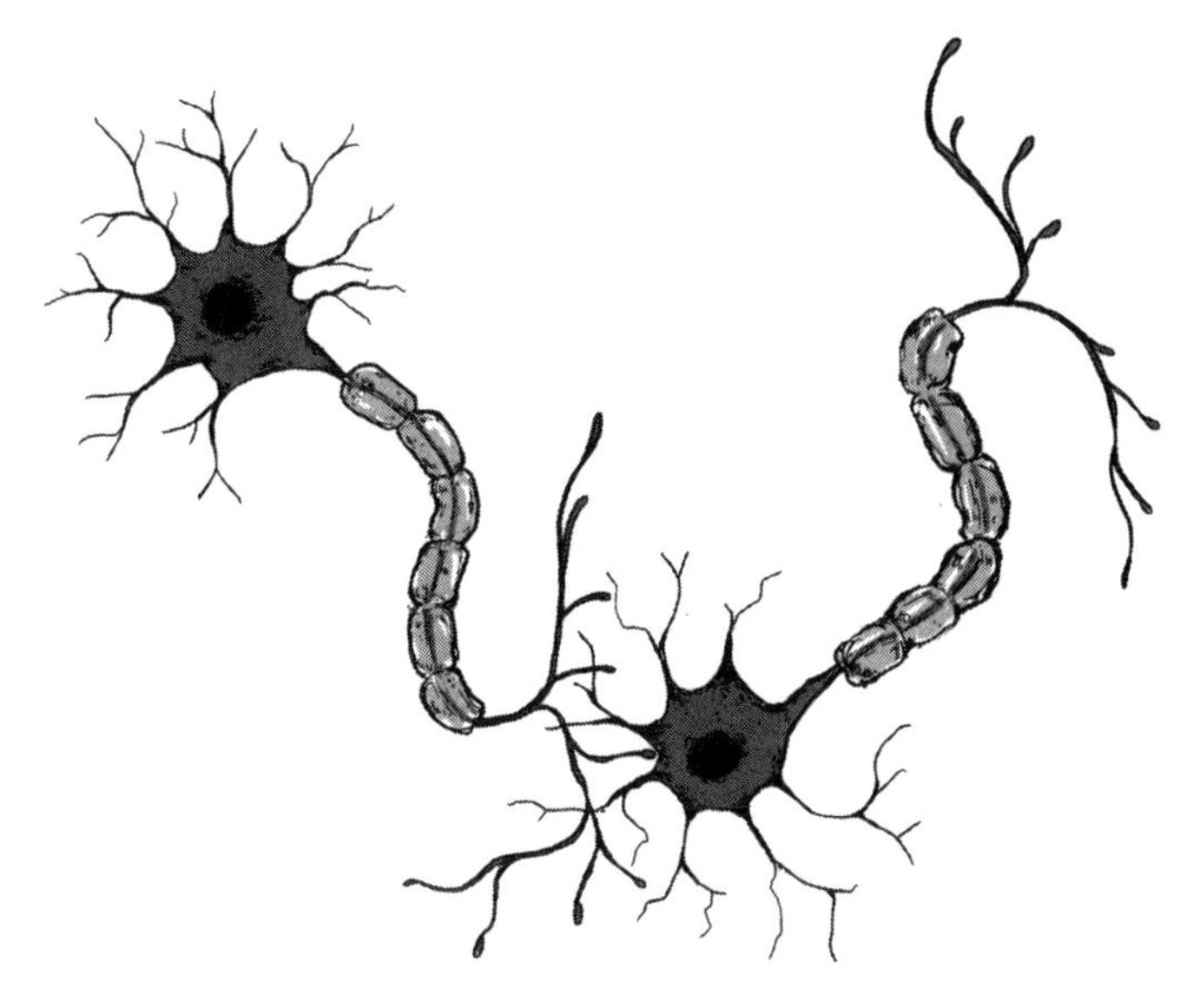

図5-3　ニューロン

（出典）筆者作成

ニューロン内に興奮が連鎖反応のように伝わっていくことを興奮の伝導と言う。この興奮の伝導によって情報が脳内に伝播するのである。

神経科学的に見れば、思考は脳の中の神経回路の活性化であって、それは究極的には物理や化学の法則や原理に従った作用である。その意味では、ちょうどコンピュータがアルゴリズムに従って演算処理しているようなものだ。それなのに、人間に意味が理解できるのはなぜか、という

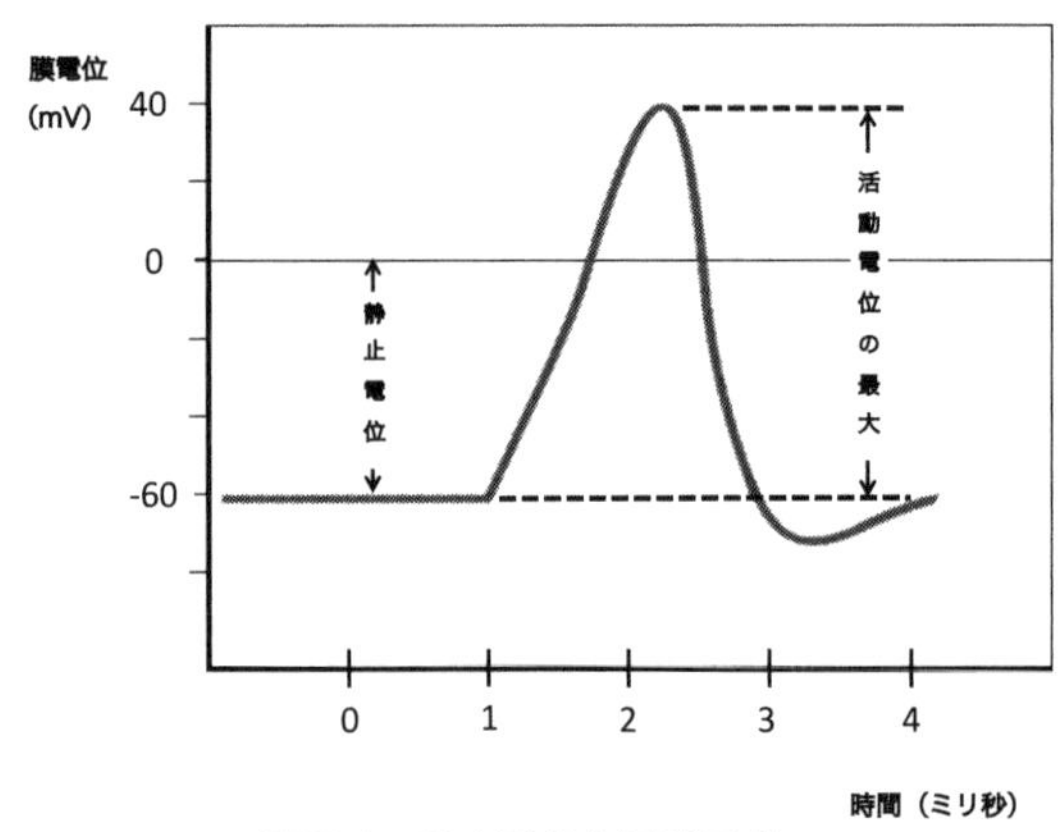

図 5-4　静止電位と活動電位

（出典）筆者作成

疑問が生じる。先ほど見たサールの「中国語の部屋」の議論をもとにすれば、論理的には、人間の脳からも思考が生じるとは言えないという結論になってしまう。

6．自由意志の問題とリベットの実験

「シンギュラリティ」予言と、その後登場するかも知れない「ポストヒューマン」機械という角度からの私たちの考察は、人間の知能も機械的な知能（コンピュータ・ＡＩ）と同じく物理的な作用によって生じるのか否かという疑問に到達した。この疑問をさらに探究するために、次に、自由意志の問

題を取り上げて考えてみたい。自由意志とは、他の何からも影響(指し図や制約)を受けずに自由に行為や考えを生み出せる能力を指し、行為の原因(責任)は、他の人間や事象ではなく自分に帰属することを意味する。自由意志は心の中心的な性質の一つと言える。しかし、もし脳が自分を支配しているのなら、自由意志(心)はないということにならないだろうか。

次のような単純なテストをやってみてほしい。右手を上げてください。しばらく上げたままで、好きな時に下ろしてください。手を下ろす時、何が原因したか考えてみよう。つまり、手を下ろすという動作の「引き金」を引いたのは、「あなた(の意志)」なのか。それとも「脳」なのか。この疑問を解くために、カリフォルニア大学医学部のリベットは、次のような実験を行った。リベットは、実験参加者に自分が好きな時に指を上げるように指示を与えた。参加者は脳波計(EEG)と筋電図(EMG)を装着してこの実験を行った。EEGで脳波を計測すれば、脳活動の開始時間が分かる。EMGからは、指の筋肉運動開始時間が計測できる。もう一つ、実験室に時計のような文字盤の上を点がぐるぐる回る装置を設置し、参加者に自分が指を上げたいと思った瞬間にその点が文字盤のどこに位置しているかを覚えておくように指示した。これによって、行動の意志が発生した時間を割り出せるわけである。これらの計測値から次のような結果が得られた。指の筋肉運動の開始時点から〇・五秒前に脳波のレベル上昇があった。つまり、その時点から脳活動が始まったということだ。指を動かす前に脳活動が始まるのは不思議なことではない。脳から筋肉運動の信号が送られなければ指は動かないからだ。興味深いのは、指を上げようと意識した時点である。それは筋肉運動開始の二〇〇ミリ秒前、脳活動開始時点から見ると三〇〇ミリ秒後だった。これは何を意味するのだろうか。指を上げようという意志があってはじめてことが始まるのであれば、意志の時点が一番最初の時点となるはずではないか。ところが、実験結果は、指を上げようと意識する三〇〇ミリ秒も前に脳活動が開始されていたのである。ということは、この脳活動は、指を動かす運動信号を送るだけではなく、指を上げようという意志を生じさせるための活動ということになるのだろうか。すなわち、脳が意志を生じさせるということなのか。確かに、この結果はそれを示唆しているように見える。

もしそうだとすると、次のような疑問が生じる。脳は何によって手を上げることを決めるのか。別の言い方をすれば、脳のスイッチを入れるのは誰あるいは何か。この問いの答えには、次のような可能性が考えられるだろう（まだ他にもあるかも知れないが）。一つは、無意識のうちに「意志」が働き始めるという考え方だ。つまり、脳活動の開始時点の前に行動の意志が生じたのだが、それは無意識（意識に上らない）だったということだ。しかし、この考えにはさらにまた疑問が生まれる。つまり、ではその「無意識の意志」はどこから生じたのかという疑問である。それは、脳と分離して存在する心（精神、霊魂）がおおもとにあって、それが意志をはたらかせたということなのか。だとすると、これは心身二元論と呼ばれる考え方に通じる。

もう一つ別の考えは、外界からの刺激が原因となったというものだ。これにも問題がある。つまり、たとえ脳が行動の意志という心的経験を生じさせるとしても、脳機能が外的な原因の結果なら、自由意志はないことになるのではないか。アメーバが外界の刺激に反応するのと何が違うのか、ということだ。アメーバの行動も自由意志によると言うのだろうか。

ここで、脳が自由意志や思考などの心的経験を生じさせるという可能性を考えてみよう。先ほども見たように、心は脳に還元できるとする学者にはこう考える人々が多い。しかし、この考えにも重大な問題がある。先ほど脳機能を概観したが、ニューロンの興奮の伝播によって情報伝達がされると述べたが、そこで生じるのは活動電位の変化という物理的現象であって、意味や意志といったものは何もない。それはちょうど試験管の中で化学物質が反応するのと基本的に変わりはない。活動電位の変化で思考や意志や感情が生じるというなら、試験管も思考したり、自由意志を持ったりするということになるのではないか。

心が脳に還元できないとすれば、心はどのように説明できるのか。近年、物質には元来意味や意識があるとする主張も出てきたが、これは、宇宙のいたるところに意識があるというような汎心論的な考えと言える。その反対に、意味も意識も実在しないと切り捨ててしまう考え方もある。しかし、これは私たちの経験的認識と矛盾する。私たちは、意識的経験が生じているとき、それを経験している「主体的な私」がいると考える。まさに、「我思う、ゆえに我あり(Cogito ergo sum)」である。意識にしろ自由意志にしろ理性にしろ、心は物質だけからは決して引き出せない属性を持っているように思われるのである。その例と言えるもので、科学的に効果が認められているのが「プラシーボ効果」だろう。患者が、本人は薬だと信じているが、薬の成分を全く含まない偽薬(プラシーボ)を投与されると、実際に癒しの効果が現れる現象である。つまり、物質的作用を含まない「思い」や「信念」が、癒し効果を生じさせるというわけである。

心の存在を説明する説は他にもあるが、どの説明にも難点がある。このような難点を解消する考えの一つとして、「心の創発」という提案がある。この説に従えば、システム（AIでも脳でも）が高度化・複雑化し、あるレベルに到達すると、意味を理解する思考能力（知性）が生じるということになる。

しかし、言語学者のチョムスキーや哲学者のフォーダーは、複雑化は質的変容を生じる必然的原因にならないと反論している（Piattelli-Palmarini 1980, 142-162）。このロジックにそって考えると、いくら脳内でニューロンのネットワークが複雑化したとしても、もともと活動電位を生じさせるナトリウムイオンは単なる物質である。そして、物質そのものにもそれによる物理的作用にも意味も意志も知能もないのだから、ネットワークが複雑化したからといって、なかったもの（つまり、心）が生じるという考えは、無から有が生じると言っているようなもので、論理的な必然性はないということになる。また、そのような科学的証拠も原理も発見されていない。むしろ科学はそのような根拠のない説明を退けてきたのではなかったか。

この議論を考慮に入れると、シンギュラリティ仮説も、イマジネーションの域を出ない主張に過ぎないことになるだろう。いくらコンピュータの計算能力が指数関数的に増大すると言っても、それによって今までなかった意識がどのように創発するのか、少なくとも現在までのところ科学的な原理や証拠はなく、論理的必然性もないのである。そのため、パリ第六大学のジャン＝ガブリエル・ガナシアのように、「カーツワイルが著書で熱っぽく語っている進化は、科学というよりは明らかに物語の範疇に属するもの」で、「真面目に検討するに値しない」（ガナシア 二〇一七、一七四）と手厳しく批判する人工知能学者もいるのである。

ここまでの議論をまとめると、心の存在に関する議論は未だ着地点が見つからない難問であるが、シンギュラリティの問題に直結する問いである「人間の知能も機械的な知能と同じく物理的な作用によって生じるのか」への答えを出すとすれば、「生じる」と結論する十分な根拠はないということになるだろう。

7．唯物論的自然主義の落とし穴

シンギュラリティにまつわる議論を通して、無神論的・唯物論的世界観をもとにする現代科学からは、無目的な機械論的人間観しか導けないことを見てきた。つまり、心を物質的な要素やそれらの作用に置き換えない限り、その世界像の中に「心の存在」を位置づけることはできない。

しかし、そのような捉え方では、理性や意識がどのように生じるのか説明することはできないのである。有神論の立場をとる数学者・科学哲学者ジョン・レノックスは、次のように指摘する。すでに見てきたように、脳内の化学反応や物理作用から、意味や論理を理解する「理性（認知機能）」が生じる道筋（因果関係）を論理的に導くことはできない。しかし、一方で、科学という営みは人間の理性のなす活動に他ならない。ということは、科学はそれ自体の存立基盤である「理性」の存在を見失っていることになると。そしてさらに、こう述べている。「（無神論は）自然の背後に神の知性が存在するという明らかな根拠をしりぞけようとして、物質・エネルギーや自然法則などが宇宙創成の動力源だと不確かな考えに自らを追い込んでいる」（レノックス二〇二一、五九）。

実際、ガリレオは「自然は数学という言語で書かれている」と言ったが、考えてみれば、そもそもどうして人間が考え出した数式で表される自然法則が成り立つのだろうか。アインシュタインもこの不思議さを、「宇宙について最も理解しがたいことは、それが理解可能なこと」と表現し（Einstein n.d.）、ファインマンも「それにしても試すべき法則があること自体、奇蹟みたいなものではありませんか。引力の逆二乗の法則のようなルールを発見できるのは、たしかに一種の奇蹟としか言いようがありません。」と述べている（ファインマン二〇〇七、三二）。キリスト教有神論的世界観によれば、理性的な神がこの世界を創造されたので、人間は生物としては物質的存在だが、理性が与えられた存在でもある。そのため、矛盾なく科学を根拠づけることができ、数学的法則としてものごとの原理や仕組みを捉えることができるという事実も説明することが可能である。したがって、このような世界観こそ、科学を成り立たせるものだとレノックスは主張する。

哲学者トマス・ネーゲルも次のように述べて、同様の問題提起をしている。「もし心的なものそれ自体が単なる物質的なものでないのなら、物質科学によって完全に説明することはできない。進化論的自然主義が暗示していることは、我々にとっての確かな知識を何も真剣に受け止めるべきではないということだ。その知識には、進化論的自然主義が拠りどころとする科学的な世界像も含まれるのだ」（Nagel 2012, 14）。ネーゲルは無神論者でありながら、唯物論的世界観の「落とし穴」に気づいているのである。

現代科学につながる近代科学は、一七世紀に、コペルニクス、ガリレオ、ニュートンらを先駆者とする科学革命によって成立した。その当時、「神は二冊の書物を著した。聖書と自然である。」ということばに象徴されるように、自然科学的知識は、哲学的知識であり、神学的知識でもあった。その後、一八世紀に村上陽一郎が聖俗革命と名づけた思想的変革の結果、創造主について言及せずとも自然現象を説明できるという知的枠組みに移行し、さらに、それが神は存在しないという前提に変わっていった。その結果、科学は無神論的性格を強めていき、現在に至っている。

現代科学は、自然現象を物質のふるまいとして説明しようとする唯物論（したがって、無神論）的アプローチをとる。つまり、生物を含む複雑な構造をもったものを、構成要素に分解し、それを分析することによって解明しようという思考方法である。したがって、非物質的なものは説明の対象外とされる。確かに、科学は知識を獲得する方法として最も強力な思考法だと言え、著しい発展を遂げて多くの成果を上げたのは事実である。しかし、だからといって、この世界に物質的なものしか存在しないとは言い切れない。したがって、本来、科学が無神論的・唯物論的なのではなく、無神論的・唯物論的世界観を科学の前提としている点を見落としてはならない。

8. ポストヒューマニズム：神の死と人間喪失

ここで少し視点を変えて、シンギュラリティ予言や遺伝子工学の未来予測を背景に思想的潮流を形成しつつある「ポストヒューマニズム」を考えてみたい。ポストヒューマニズムは、人間という概念はもはや中心的役割を果たさなくなり、人間と機械・他生物との境界線が曖昧になると主張する。この思想を突き詰めていくと、人間の尊厳を揺るがし、ついには人間という概念の終焉に至る。これは、生物種としての人類の絶滅という意味の「人間の終焉」というよりもむしろ、人間とはどんな存在でどのような意味を持っているのかという「人間観」の変質であり、人間を他の生物や機械と区別する独自性の喪失である。

この流れは、一九世紀末の哲学者、フリードリヒ・ニーチェにその先駆的言説を見出すことができる。彼の有名なことば「神は死んだ」がそれを象徴的に表現している。どういうことなのか。神を「殺してしまった」ことで、人間は自分の存在の根拠を抹殺してしまったのである。ここでいう「神」とは、ユダヤ＝キリスト教の神、つまり、聖書に啓示された神のことである。神の存在が前提とされた世界観・人間観のもとでは、人間は、生物としては物質的存在だが、神から理性（魂・心）が与えられた存在であり、生きる目的を与えられていたが、「神の死」は、この世界観・人間観の前提の否定を意味し、その結果、人間の存在には意味、目的、本質的価値などはない、たとえ何かの意味を見つけたとしても最終的には死が待っている、そればかりかこの世界やその中の事物は無価値なのだというニヒリズム（虚無主義）へと向かって行った。

この思想は、その後、実存主義に繋がっていく。サルトルは「実存は本質に先立つ」と言ったが、それは、「人間には本質（魂）があり、生まれてきた意味を持つ」という信念を否定することであり、生きる道を自分で切り開き、今ここにあるひとりの人間の現実存在（＝実存）としての自分のあり方を求める思想なのである。したがって、この思想は、ユダヤ＝キリスト教的世界観に基づいた信念を否定するもので、無神論の概念の一つにもなっている。

このような思想の流れの観点から見ると、ポストヒューマン思想は、「神の死」を宣言し、みずからの存在意義を見失った人間の自己認識の延長線上に生まれたものであると言えるだろう。二十世紀後半に活躍したキリスト教神学者で思想家のフランシス・シェーファーは、こう語っている。「今日の人間は、みずからが機械にしかすぎないと主張することによってこのような緊張からのがれようとしている。……しかし、たといそのように主張したとしても、人間は機械ではない」(シェーファー 一九七一、二〇三)。「人間が自らを機械か、それとも無であると主張するなら、彼はみずからを、堕落したものという聖書の人間観以下のものに引き下げてしまうのである」(シェーファー 一九七一、二〇四)。

9. 有神論的世界観という視点

最後に提示した有神論的世界観に基づく議論は、大抵、宗教的見解に過ぎないと反論されて、それ(この場合はキリスト教)を信じている人にしか通じないものだと退けられるか、一笑に付されるのがオチである。しかし、あえてそのような議論を展開するのはなぜか。それは、ここまでの考察で明らかなように、「ポストヒューマン」をめぐる心——知能、意識、自由意志——の問題は、世界観の問題だからである。もし、「宗教的」という理由だけでこの議論に耳を傾けないなら、この章で展開した議論を十分に理解したとは言えないだろう。

「心の存在」は、これまで自然科学が対象としてきた、私たちの「外の世界」(自然界)とは異なる私たちの「内にある世界」の問題である。「客観的世界」に対して「主観的世界」なのである。このような問題を探究するには、ものごとの見方・考え方の土台、すなわち、何を前提としているのかという世界観のレベルまで掘り下げて、批判的に吟味しなければならない。そのために、ポストヒューマン思想が前提とする唯物論的世界観の対立軸として有神論的世界観を提示しているのである。

具体的には、この章で唯物論的世界観に基づく還元主義的分析とそこからのボトムアップ的思考法で物質をどれだけ分析しても、心という存在に不可欠な「意味」や「価値」や「意識」や「自由意志」は発見できないので、心という存在は捉えきれないことを論じた。このような性質は、トップダウン的な思考で捉えて行かなければ解明できないのではないか。その前提となるのが、有神論的世界観である。近年、意識などの心的現象が科学者の注目を集めるようになり、研究が盛んになっている。それに伴って、ここで指摘したような自然科学の限界も認識されるようになってきた。我が国における科学哲学の第一人者である村上陽一郎の、この問題を指摘し、科学のあり方を示唆する引用をもってこの章を締めくくりたい。

「（科学は）生命現象から「生きる」という最終的な「目的」を排除し、「生きる」とい

う目的に向って全生物系が「機能」していることにも眼をつぶったという点で二重の誤りを犯した。」(村上一九八六、一三一)

「再び科学を新たな「神学」——とあえて言おう——のなかに包摂することこそ肝要になるのではないか。」(村上一九八六、一四五)

注

1 ナトリウムチャネルとは、ナトリウムイオン(Na+)を濃度勾配に従って、つまり濃度の高い方から低い方へ通過させる、ニューロンの表面に存在する通路のようなもの。

引用参考文献

岩田誠(監修)二〇一一『プロが教える脳のすべてがわかる本』ナツメ社

岡本裕一朗二〇二一『ポスト・ヒューマニズム:テクノロジー時代の哲学入門』NHK出版

ガナシア、ジャン=ガブリエル(伊藤直子監訳)二〇一七『そろそろ、人工知能の真実を話そう』早川書房(Ganascia, Jean-Gabriel. 2017. *Le Mythe de la Singularité: faut-il craindre l'intelligence artificielle?* Paris: Seuil.)

クリック、フランシス(中原秀臣訳)一九九五『DNAに魂はあるか:驚異の仮説』講談社(Crick, Francis. 1994. *The Astonishing Hypothesis: the scientific search for the soul.* New York: Charles Scribner's Sons.)

シェーファー、フランシス・A（多井一雄訳）一九七一『そこに存在する神：二十世紀に問うキリスト教宣教』いのちのことば社（Schaeffer, Francis A. 1968. *The God Who Is There.* Westmont: InterVarsity Press.）
デカルト、ルネ（落合太郎訳）一九六七『方法序説』岩波書店（Descartes, René. 1637. *Discourse de la Méthode.*）
仲正昌樹二〇二〇『現代哲学の最前線』NHK出版
仲正昌樹二〇二三『現代哲学の論点：人新世・シンギュラリティ・非人間の倫理』NHK出版新書
ナショナル・ジオグラフィック二〇一二『アリ塚と空調、自然に学ぶエネルギー』（National Geographic. News. https://natgeo.nikkeibp.co.jp/nng/article/news/14/5970/ 最終アクセス二〇二三年一一月二六日）
ニーチェ、フリードリヒ（氷上英廣訳）一九六七『ツァラトゥストラはこう言った（上・下）』岩波書店（Nietzsche, Friedrich. 1883-85. *Also sprach Zarathustra.*）
ファインマン、リチャード P.（大貫昌子訳）二〇〇七『科学は不確かだ！』岩波書店（Feynman, Richard P. 1998. *The Meaning of It All: Thoughts of a Citizen-Scientist.* New York: Basic Books.）
村上陽一郎一九八六『近代科学を超えて』講談社
山鳥重・辻幸夫二〇〇六『［対談］心とことばの脳科学』大修館書店
養老孟司一九八九『唯脳論』青土社
レノックス、ジョン（森島泰則訳）二〇二一『科学ですべて解明できるのか？：「神と科学」論争を考える』いのちのことば社（Lennox, John, C. 2019. *Can science explain everything?* Surrey: Good Book Company.）

Dirckx, Sharon. 2019. *Am I just my brain?* Surrey: Good Book Company.

Einstein, Albert. n.d. https://www.goodreads.com/quotes/7464-the-most-incomprehensible-thing-about-the-world-is-that-it　Last accessed November 26, 2023.

Harnish, Robert M. 2002. *Minds, Brains, Computers: an historical introduction to the foundations of cognitive science.* Malden: Blackwell.

Libet, Benjamin. 1985. Unconscious cerebral initiative and the role of conscious will in voluntary action. *Behavioral and brain sciences*, 8（4）, 529-539.

Libet, Benjamin. 2004. *Mind Time: The Temporal Factor in Consciousness* . Cambridge: Harvard University Press.（下條信輔・安納令奈訳 二〇〇五『マインド・タイム：脳と意識の時間』岩波書店）

Nagel, Thomas. 2012. *Mind & Cosmos: why the materialist neo-Darwinian conception of nature is almost certainly false.* Oxford: Oxford University Press.

Piattelli-Palmarini, Massimo.（ed.）1980. *Language and Learning: the debate between Jean Piaget and Noam Chomsky.* Cambridge: Harvard University Press.（藤野邦夫訳 一九八六『ことばの理論　学習の理論：ジャン・ピアジェとノーム・チョムスキーの論争（上・下）』思索社）

Reeves, Byron, and Nass, Clifford. 1996. *The Media Equation: how people treat computers, television, and new media like real people and places.* Cambridge: Cambridge University Press.

Searle, John R. 1990. Is the brain's mind a computer program? *Scientific American*, 262 (1), 25-31.
Searle, John R. 2004. *Mind: a brief introduction.* Oxford: Oxford University Press.（山本貴光・吉川浩満訳 二〇一八『ＭＩＮＤ：心の哲学』筑摩書房）

対話　ポストヒューマン時代をどう生きるか

本書のコンテンツは、ＩＣＵの一般教育科目「特別講義」として二〇二三～二四年度に実施するとともに、その一部を高大接続プログラムの「リベラルアーツ次世代養成プログラムＩＣＵグローバル・チャレンジ・フォーラム」として二〇二二～二三年度に提供した。高大接続プログラムのファシリテーターを担当した学生たちの中には一般教育科目の履修生もいたので、担当教員たちと「特別講義」と「グローバル・チャレンジ・フォーラム」双方を振り返る対話の時間を持った。

参加者
望月然　教養学部三年生（経営学）
サンソーネ玲生　教養学部三年生（哲学・宗教学）
逸見優海　教養学部二年生
笹岡みちる　教養学部二年生
生駒夏美　教養学部長・教授（文学）
毛利勝彦　教授（国際関係学）
森島泰則　教授（心理学）
山崎歴舟　准教授（物理学）
後藤学　聞き手（教育ジャーナリスト）

（二〇二三年八月一二日、樅寮・楓寮ウィステリアホールで収録）

――学生の皆さんが、今回の高大接続プログラムにファシリテーターとして参加しようと思った理由は何ですか。また、一般教育の授業を履修した学生さんは、どのようなトピックでポスター・プレゼンテーションをしましたか。教員の皆さんは、この授業の価値や狙いを改めて言語化すると何でしょうか。

望月：ChatGPTが公開されて、ＩＣＵでも「生成系ＡＩの使用について」の方針が出されましたよね。自分でもそのテクノロジーを使ってみて、学び方が変わってきているなと感じつつ、最終的にどこに行き着くのかを考えたことがあって参加しようと思いました。

サンソーネ：この授業の題材が面白いと思ったのですけど、授業形式も面白いと思って参加しました。ポストヒューマンとは何かが曖昧だったので、自分なりの答えを出そうと友だちと話し合いました。ポストヒューマンを語る上で、絶対に欠かせない人間性とは何かについては古代哲学が最初に考えています。そこからヒューマニストの意見などを辿った結果、ハンナ・アーレントに辿り着き、アーレントの『人間の条件』の文脈で人間性と政治の関係をプレゼンしました。

毛利：アーレントは『人間の条件』で労働と仕事と言論に分けたわけですよね。ポストヒューマンの時代にどう生きるかの答えとして言論活動があるということですか。

サンソーネ：言論活動の重要性はポストヒューマン時代に限らないと思います。言論とは、複数者の場に出て言語を通してやり取りすることで自分の価値観を相手に知らせる、他者の価値観を自分に取り入れる営みだと思います。その営みこそが人間性ではないかと発表しました。自分自身はそれが大事なことだと思っています。エゴイスティックに生きようと思えばいくらでも生きられる時代だと思います。極論すれば、生きていくだけのお金を稼いで、周りから何もないように籠っていればそれができてしまうけど、そのように生きたら、エゴイスティックな人間が大量生産されて目に見えない害を沢山起こすと思うのです。

毛利：実はこの授業の狙いを考えたとき、私もアーレントを少し意識していたのです。生きてゆくためにせざるを得ない労働をライスワークと呼ぶことがあるじゃないですか。これに対して自分ができる、したい仕事はライクワーク。これらを超えて自分がなすべき使命を自覚するのがライフワーク。これら全てが一致する時が人間として幸せだと思っていますが、そんなライフワークを見つけられる授業を作りたいと思った。

生駒：「ポストヒューマン時代をどう生きるか」は、おそらくこれからの人生で問い続けることになるテーマでしょうね。それを色々な側面から徹底的に考えるリベラルアーツの醍醐味的な授業にしたいと思いました。正解は一つではないし、正解が出ないこともある。そのことに耐えつつ思考を止めないという学びの本質が分かるのではと考えました。人間を特権化してきた過去のあり方を批判し、より包摂的で他者に優しい生き方のヒントを見つけることができるはずだと思ってこの授業を提供しました。

逸見：高大接続プログラムに参加しようと思ったのは、高校生たちはポストヒューマンを何も知らないところから何を作るのだろうと気になり、そうした声を聞きたかったからです。私が一般教育の授業を履修して取り組んだトピックは、テレビCMで見た「動きをシンクロさせる技術」です。プロのピアニストがピアノを弾くと、ピアノ経験がない人もその動きをそのまま再現できます。普段から楽しめる要素として「振る舞い」が大切だと思っていたので、他者の動きが自分の体の中に入ってきた時、どう自分が反応するだろうとか、どう自分と他者を区別して考

生駒夏美教授（IKOMA, Natsumi）

えればいいのかと不思議だったので、そうした問いをメンバーと話し合いながら投げかけてみました。

笹岡：私が高校生の時はそんなに考えてなかったクリティカル・シンキングを、今の高校生はどう考えているのだろうと思って参加しました。一般教育の授業を受けた動機は、全然違う分野の先生が集まっていて、これ絶対楽しそうだと思って。でもシラバス読むと、あまり意味が分からない。一体これ何って思いながら、友だちと「これ受けた方がよくない？」「確かに」とか言って、受けてみました。授業でのポスターセッションの発表は「めんどくさくあれ！」。人が持つこだわりとか、これだけは絶対守るぞみたいな、面倒くさいと思われても、それを持ち続けることがポストヒューマン時代を生きるのに必要なのかなと。

山崎：今回は四つの異なる側面・分野から「ポストヒューマン」を見てきましたが、四つの側面の総和がポストヒューマンを形作るわけではない。四つの側面を反芻し、そこから何が現れるのか。教員同士が真剣にやり合うところを学生が見られるのはなかなかない。また、異なる分野の教員がそれぞれ異なるスタンスで同じトピックを話すのも珍しい。難しい議論も入ってきたが、ポストヒューマンはそれこそ「今をどう生きるか」、大人よりも若者がどう生きるかに直結しています。ポストヒューマンの問題を解決できるのは既存の知識や体制ではない。多分若い人の敏感なアンテナを通してしかその解は得られない。その意味では、教員はポストヒューマンについて語ることはできるかもしれないけれども、その解は学生にしか導き出せないのだと思います。

――参加した高校生と話してみて、ポストヒューマン的だと感じたことはありましたか。

望月：自分が担当したグループは、「自分たちは既にポストヒューマンだよね」という発表内容でした。最初は、どういう社会になるかと考えて、その上で私たちはどう生きるかを考えようという流れだったけれど、途中で誰かが「技術を使って人が進化することが定義なら、俺たちもうポストヒューマンなんじゃないか」という話になって、そこから自分の期待を超えた議論になっていきました。

サンソーネ：ネットとかウェブ空間に対する情報教育を受けてきた世代なので、途中で話

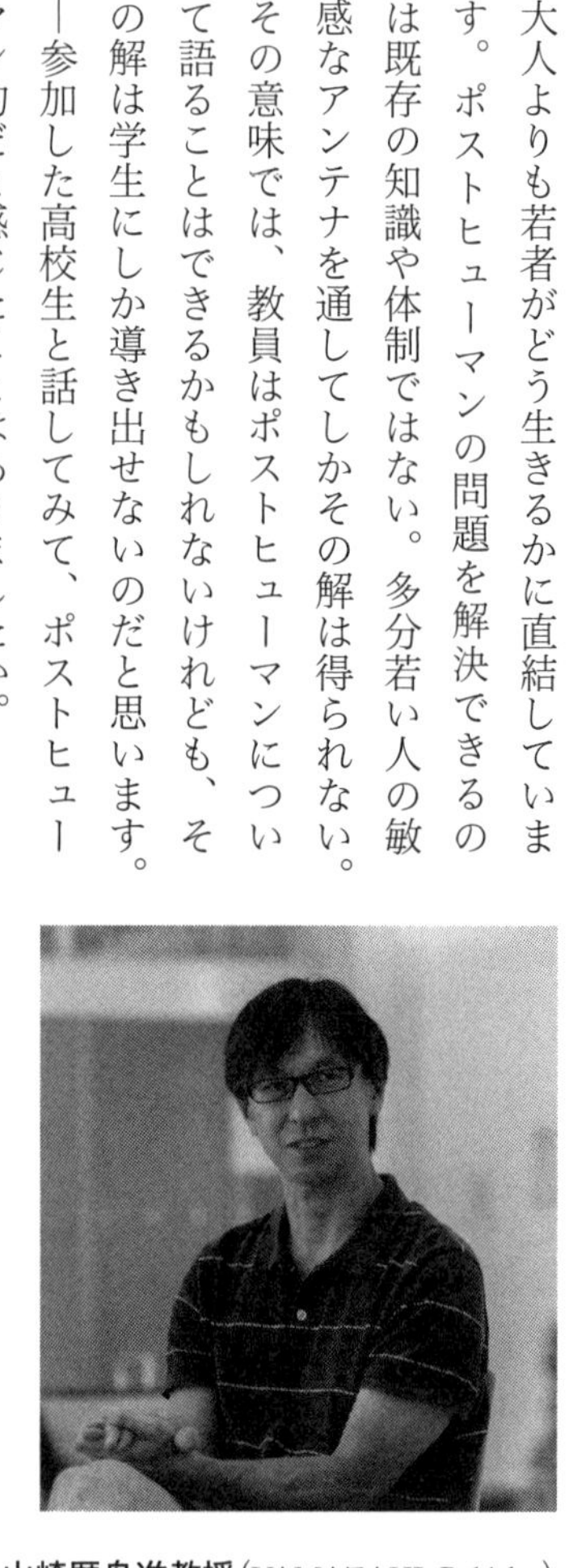

山崎歴舟准教授（YAMAZAKI, Rekishu）

に詰まったと思ったら、とりあえず気になる話題をいくつか並べて検索をかける能力が高かった。今の大人が持ち得ない情報に対する姿勢を持っていると驚きました。最初は別のトピックで議論していたんですよ。なんかこれうまくいかないなっていう時に、咄嗟にグループを二つに分けてこっちは賛成、もう一方は別の方法を模索した結果、「動物の権利」の話題だとうまく進みそうだと。自分の能力や他の生徒が得意そうな分野を理解してどんどん推進してくれたのが圧倒的に自分の想像を超えていました。

逸見：ポストヒューマン的に大切な姿勢だなと思ったのが、分からないって凄いと思えたこと。私から色々質問した際、「分からないです」とある生徒が言ったんですよ。考え抜くことも大事なことではあるけれど、自分がどうしても分からないことを周りに言って、周りから助けを得て対話を試みていたので、それは今後必要になっていく姿勢だと思いました。

山崎：「無知の知」じゃないけど、素人は最大の

逸見優海（HEMMI, Youna）

武器。また、「素人にさせてくれる聞き手の友人」は最大の宝ですよ。私自身もこの授業に誘われるまで、全く「ポストヒューマン」について知りませんでした。しかし、少し調べてみると色々な疑問やアイデアが湧いてくるものです。それは様々な形で生まれるけれど、その中でも「意味がある」もしくは「議論しうる」アイデアの多くは量子物理学という自分の専門性であるフィルターを通して生まれてきた。そのような質問や感想を学生や他の教員にぶつけることが私の狙いでした。ある専門性を持っているけど、ポストヒューマンについては素人たちが真剣にぶつける疑問や議論、いわば「プロフェッショナル・アマチュアリズム」を見せつけること。そこから生まれる新たなダイナミズム、あるいはトリックスターとしてリベラルアーツの議論を活性化出来ればという思いで臨んでいました。

——面白いと思った意見や行動はありましたか。

笹岡：私だったらChatGPTを使うのは最終手段かなって思ってずっと使わないで終わってしまうけれど、今の高校生たちは使えるものは使っちゃえみたいな思考しているのかなと思いました。あと、自分の想像を超えてきたのは、議論がまとまらず、これ絶対に午後三時の提出期限までに提出できないやつだと思っていたのに、今朝のプレゼンを聞いて、昨晩十時にまとまったと知りました。今日のプレゼンには昨日午後三時までに考えていた要素が全部反映されていた。昨日は全体像が見えなかったのに、それが今日はきれいにまとまっていて、追い上げ力に感心しました。

望月：一つ面白いなと思ったのは、森島先生の講義で脳の中身をそのまま人工的に入れ替えたら、それは自分なのかという問いに対して、人間の体を車に例えた高校生がいた。脳は運転者で心臓がエンジンに似ているという例えを出してくれた。人を変えてもエンジンを変えても交通ルールがあれば自動車は動くじゃないですか。自分は経営学メジャーなのですが、人が組織を経営するには一人じゃできないから、各自役割を持って強みを持ち寄って大きなことをする。社会で期待される役割を果たしていれば、その人じゃないかなって思えて。運転者が自分でも友人でもルールに則って役割を果たせば車も会社も動く。だから脳や心臓を変えても自分はそのままなのかについての結論

望月然（MOCHIZUKI, Zen）

が変わってくる。ただ、その視点には幅があると思っていて、それが色々な学問分野だったり、経験をしないと引出しが増えていかない。その点、リベラルアーツは相性いいのかなって思いました。

森島：この授業設計に参加したとき「ポストヒューマン」という用語は、聞いたことがなかったし、同じ分野の仲間に聞いても知っている人はいませんでした。でも実際、蓋を開けてみると、ＡＩやそれに絡む「シンギュラリティ」の議論は、心の哲学や認知心理学では長年議論されてきた問題でした。つまり一七世紀のデカルト以来、心身問題とか心脳問題と言われる難問につながるテーマです。授業では「ポストヒューマン」という仮想現実をモチーフとして、知能、意識、自由意志といった人間性の根本にある性質のありか、成り立ちを考える講義をしましたが、その狙いは、このような問いを考えることを通して、ものごとを考えるときに自分は何を前提としているのかを意識して、それ自体を問い直し、吟味すること。そして、論理的に自分の考えを組み立てて、それを表明することを練習してもらおうと思いました。

サンソーネ：高大接続プログラムでは、高校一年生の参加者がいて、二年生や三年生の参加者の中で最初は怖気づいた感じで議論していました。しかし、話を振ってみると、外交官になりたいという将来の夢にうまく絡めて外交官視点から意見を言えるくらいスペシャルな視野を持っていて面白かったです。

逸見：高校生の参加者それぞれの着眼点は面白かったのですけど、どこに行けばいいか分からない状態でした。宗教とか量子力学とか、それぞれの興味関心は普段からあって、そこからポストヒューマンに結びつけようとしていました。先生方の講義内容と一生懸命に結びつけようとしているのがすごく伝わってきた。一人の生徒さんが、人間に限らず動物などすべての生物に自己決定権を与えるべきだって考えたんですね。その時どうしてそういう発想に至ったのかが気になりました。一瞬ポケットモンスターの影響かなとも思いました。人間と非人間との関係がすごくフラットになっていて、かつ友好関係を結ぼうとしている視線が所々に出てきていたのを実感しています。

――ポストヒューマンの時代を、もし自分の言葉で言うならどんな言葉になりますか？

望月：山崎先生の講義を聞いて、人間がコンピューターに取り込まれるという未来の話をしているのかなと思ったのですが、そういう移行自体はずっと昔から起こっている。なので、今の自分たちもその過程の一部だという意味での「継続」なのかなと思います。

サンソーネ：自分の意見も望月君の意見と結構似ていると思います。ポストヒューマンは定義によって意味が変えられる言葉なので、一概に言うことは難しいですけど、人間性から逸脱して行くことではないかと思います。一度それまでの人間の定義から外れたら、それはもうポストヒューマンって言えるわけですよね。だとしたらこれ「歴史」って言ってしまっていいと思います。未来のことを考えることでもあるけど、どちらかと言うとこの授業で自分が考えたのは歴史のことでした。

逸見：私にとってのポストヒューマンは、自分という境界線がふやけて滲んでいってしまうイメージ。太古の昔だったら、植物とか天気とか地球の現象そのものに対して影響を受けて想像したと思うのですが、今の時代だとそれを技術や機械で作り出したもので感じる。海で大暴れする波に向かって必死に泳いでいる感覚だと思う。だから人間とは何かとか、権利とは何かとか、先人たちが必死に固めて硬くなった皮膚が、自分たちの作り出した技術によってふやけていく感じ。必死に泳がないと、ふやけて滲んでしまう。

笹岡：自分にとっては「エポック」という言葉です。例えば新しい革新的技術とか、新しい生き方が出てきたら、その前と後の時代。ソサエティ5.0とかインダストリー4.0といったエポックがありますが、3.0の時代の人が5.0の社会を見たら新しい人間が出てきていると感じると思います。それがもうポストヒューマンではないかなと授業を受けて思いました。

――学び方のスタイルについて何か気づきはありましたか。高校生や大学の新入生たちは、どう学んでいくのがいいのか、アドバイスはありますか。

望月：日本の高校での授業と、今回の授業の一番の違いは、アウトプットがあるかないかだと思います。インプットもしなければいけないのですけど、ディスカッションをしてプレゼンテーションする形でのアウトプットがあることで、学んでいるテーマを自分事にできる。自分がインプットしても、その内容の捉え方が一人ひとり違うので皆んなで混ぜてみることでまた新しい発見がある。文系だから文系の勉強だけするとか、理系だから理系の勉強だけするのにこだわりすぎないのが一番大切かな。自分は経営学メジャーで会計学を学んでいるけど、データサイエンスの授業もよくとるんです。

サンソーネ：自分はあまりインプット型の授業って受けてないんですよ。逆に色々な知識を持っている人と出会う機会があったので、この形式

笹岡みちる（SASAOKA, Michiru）

に実は慣れています。ただ、自分が新鮮だったのは、毎週色々なディスカッションで、一年生から四年生までいても、自分が提供できる知識と向こうに提供してもらう知識があって、知らないことを教え合う環境を結構久しぶりに体験しました。萎縮して話さないのはすごく簡単だし、やり過ごせることもある。でもそこで一歩踏み込んで、これ分からないとか、この分野は全く知らないけど、こういう考え方だったら持っているということを正直に話すと、向こうも同じような状況だと分かる。そういう対等な状況で学び合える、語り合える、なおかつ提供しているものがあるのを久しぶりにこの授業で体験しました。

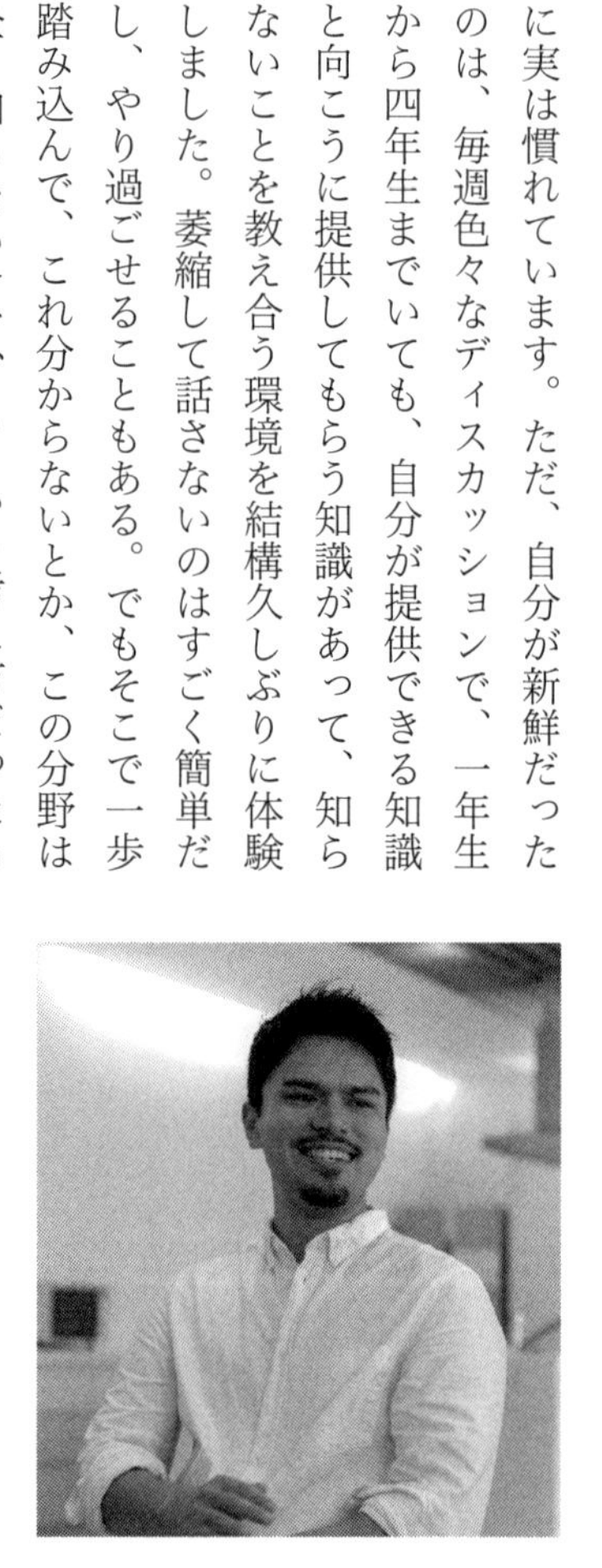

サンソーネ玲生（SANZONE, Leo）

――先生方も一緒に学んでいるじゃないですか。それってとても面白いなって見ていて思ったのですが、どうですか。

サンソーネ：二つの意見が同時にありました。一つは、はっきりしてくれよって。同時に、こっちが言った意見に対して反応がある。自分の意見に対してコメントもあるし、グループ・ディスカッションしている時にも先生がやってきて話をする。すると、なるほどそういう考え方もあるのかって。知識を持っている教授の方でも同じ場所に降りてきて、同じ立場で対等に話し合えるという割と稀有な体験をさせてもらった。

逸見：高校の授業スタイルだったら話さなくても知識は得られるんですよ。だけど、こういう形式の学びの場だと話さないと何も始まらない。分からないでもいいから、それを声に出してどこが分からないのかをきちんと説明する必要がある。そうすると分からなくても意外とまとまることもある。やはり様々な人との対話を強く持つことと、あとは質問する力がすごく大切であることを強く実感しています。きちんと質問しないと、理解出来ないし、相手もどこを分かってないのかを知ることができない。自分の立ち位置をきちんと理解するためにも、声に出して話し始めて質問する技術をお互いきちんと身に付けていく場で、それを磨けばいいこと。それが大切だって気づくだけでもスタート地点に立てると思いました。

毛利：フォーマルな話題をフォーマルな場で討論するのがディベート。インフォーマルな話題をインフォーマルにおしゃべりするのがチャット。ＩＣＵではフォーマルで真剣な話題もインフォーマルな環境で自由に対話するダイアログを大切にしていますよね。鉄は鉄によって磨かれ、人は友によって磨かれる。リベラルな対話型授業によって、自分でもまだ気づいていない自分自身に出会えると思います。

――ＩＣＵの授業は結構そういう授業が多いと思いますが、今回の授業で改めて強く思ったのはどんなところですか。

逸見：ポストヒューマンについて、皆よく分かっていないところ。誰もが大きなクエスチョンだったのですよ。だからお互いが質問しないと進まない。日々大学生活で思うのは、良い質問するためにはどうすればいいんだろうかということです。多少の知識がないと比較ができないし、その分野がよく分かっていなくても、他の分野を糧にして捉え直せば分かることもある。だからこそ、普段から色々好奇心を持っておくのが良い質問するための一つの鍵なのかな。

毛利：ＩＣＵでも教鞭を執られていた緒方貞子さんの言葉に、「正しい質問をすれば必ず正しい答えが見つかる」というのがあります。

笹岡：私がこの授業を取って特有だなって思ったのが、ゴロチ（五・六・七限）で時間長いじゃないですか。四時間ぐらいずっと一緒にいるのが十週間続く。同じ人たちの顔を毎週四時間以上見ながら学ぶのは、ＩＣＵの原点に戻った感があります。授業の中で、色々な切り替え場面があるんですね。普通に授業形式で講義を聴くだけでなく、隣の人とディスカッションするとか、そのディスカッションから出た質問を全体に発表するとか、プレゼンテーションをするとか、休み時間中に先生に質問しに行くとか、お菓子をもらうとか色々あった。それを全体的に見ると、やっぱり生活を共にしている感があったかな。長時間過ごす中で、色々な人と仲良くなれたし、色々な人と話してその人のことを知ることができた。同じホームルームで学習生活をする高校と近いかもしれない。休み時間にちょっと仲いい友だちと話すだけだと、その人の本質を知ることはできないし、深い話ができるのは修学旅行の夜ぐらい。だけど、この授業では色々な場面で初対面の人とディスカッションしたり、初めて会った人と協力して動画を作成したり、ポスタープレゼンテーションの準備をする。ちょっときつかったけれど、そうした作業の中で凄く仲良くなれるし、その人も知れる。自分の知識もどんどん加算されていく感じがあって良かったです。

――教員から見て、一般教育の授業のポスターセッションで印象に残ったポスターはありましたか。その理由も教えてください。

生駒：どのポスターも個性的で良かったです。身体の一部を機械化することによって障がいを克服する例を取り上げていたポスターがあり、既に起こっているポストヒューマン化を肯定的な例として視覚化してくれたものが印象に残っています。一方で、ポストヒューマン化のネガティブな影響の思考実験をしていたポスターも複数あり、どちらも実際に起こりうるものとしてよく考えられていました。

毛利：シンギュラリティ仮説に影響された学生が多く、人間の身体や頭脳の拡張によって衣食住、仕事、恋愛、介護、知的活動がどう変わるかを若い世代のセンスで掘り下げたポスターは、とても興味深かった。特に印象に残ったのは、作成した短編小説の一部の章を人間による執筆、生成系ＡＩによる執筆、人間と生成系ＡＩによる共同執筆に分けたもの。プレゼンターは聴衆に対して、どれがどの執筆かを問うクイズ形式のポスター・プレゼンテーションをしていました。単にどれかを当てるのではなく、「どれが面白いと思うか」を尋ねるクイズ形式にすれば、ポストヒューマン時代の含意をもっと引き出せたと思います。

森島：どのポスターもそれぞれ努力と工夫があったので、どれかを取り上げるわけにはいかない。ポスター自体より、それを使ってどのようにプレゼンするか、ディスカッションするかが大事です。ポスターセッションでは、そのような活発なインタラクションの場面があちこちで見られたことが一番良かったと思います。

――これから大学を目指す高校生や大学の新入生に、ポストヒューマン時代の学生としてどう生きていくべきかアドバイスはありますか。

笹岡：アドバイスがあるとしたら、「話す、話し合う」ということ。ディスカッションを始めても「なんか難しいね」で終わったらもったいない。「何が難しいと思う？」「何が分からなかった？」「先生を掴まえて話そう」と話せる内容を増やしていく。

逸見：どう生きていくべきか、二つキーワードがあると思います。一つが「ミる」。私の中ではカタカナの「ミる」です。もう一つは「余白」です。滲んでいく中に侵入していくのは、別に悪いことではない。そこからまた新しい化学反応が生まれると思うので。でも私にとって一番怖い状況はいっぱいいっぱいになって何も認識できな

森島泰則教授（MORISHIMA, Yasunori）

くなってしまう状態です。どうしてカタカナの「ミル」かというと、単に「見る」だけでなく、見えないものも視覚化して「視る」、絵や文字にして鑑賞して「観る」、周りの人と共有して「みる」と、滲んでいたものに形が与えられて、それがまとまってくる。滲んでいたものを定期的に取り出して形あるものにすると、周りの人と共有もできる。そして、余白を残しておくこと。社会でも個人でも余白を作っておくことで、そこで新しい化学反応が生まれる流れを生み出せると思います。

笹岡：私たちのポスターには川を描いて、川辺に芝生があって、そこに人々が寝転がっている。川はその時代の大きな流れを表現していて、黒っぽい色で流れているけど、流れつく先は分からない。行く先の分からない流れに身を任せて流れていくのは危ないので、芝生に寝転がっている。立っているのではなく、寝転がることによって新たな視点を獲得できるかもしれない。そこにみんながどんなこだわりを持っているかについて聞いたアンケート結果を書き込みました。恋愛や料理はロボットにやらせたくないといった色々なこだわりが書かれていました。私自身はチーズの食べ方にこだわっています。オランダチーズはコーティングしてあるロウを削り取ってから食べますが、ロウに少しついたチーズはゴミ扱いされて捨てられてしまう。でも、私にとってはそこがすごく美味しいと思う。捨てちゃうならそこを食べさせてというと面倒くさいやつと思われるかもしれない。自分でも面倒くさいから、まあいいかとも思うけど、自分のこだわりを譲ってしまうと、なんか自分の人としてのあり方が問われているみたいにも感じる。

生駒：皆さんの意見を混ぜ込んで平準化すると、まさにチーズの硬いところを全部切り落としたようなものしか出てこないですよね。だから教員としては、やはり硬いところが聴きたい。授業のアサインメントを出す時にも、その硬いところを聴かせて欲しいと思っています。生成系ＡＩで作り出されたものは文章でもなんかフニャッとしたものしか出てこなくて、それだと全然面白くない。一見まとまってはいるけれど、噛み応えがない感じがする。その「硬さ」へのこだわりは本当に人間らしさだったり、ＩＣＵ生らしさだと思います。

それから最新技術によってピアニストのスキルを自分の身体にコピーできてしまうのは、根源的に人間の何かを変えてしまうような気がしています。その感覚は、逸見さんと同じかどうか分からないですけれど、人間はやはり身体の動かし方そのものが思想に影響を与えていると思うんです。都会人は硬い地面しか歩いてないから、ある一定の考え方しかできなくなっている。舗装がないところを歩いている人間はおそらく違った思想になる。もし他人の感覚が自分の感覚に移植されることになった時に、自分の考え方でないものが入ってくる気がして、なんか気持ち悪いなと思ったりもします。

逸見：私もその恐怖はあったのですが、ポスターセッションで話しながら面白いなと思ったのは、本当に他者の考えの身体表現を知るきっかけになるのだとしたら、面白いものになるなと思いました。例えば、少しピアノやったことがある人だったら、プロの演奏のこういう感覚を知りたかったとか、こういう表現をしたかったと想像できる。だから想像する余力、余白があれば、本当に色々な人の考え方を自分で追体験できる。うまく使えたらすごく面白い時代になると指摘くださった方がいて、自分の考え方も変わりました。

生駒：そうですね。ほら、妊婦体験の器具ってありますよね。あれを装着したことがある人とない人でも、考え方や妊婦さんへの接し方が変わってくるらしい。多分それもそういうことですよね。重いものを体につけることによって、どんなに動きづらいか、腰が痛くなるか、呼吸しづらくなるかを自分の身体の体験として知る。それが本当の「知る」ことだと思う。

山崎：自分の中に入ってくるっていうのは、例えば言葉や文章は本を読んで知識として他者の考えが入ってくる。それと少し違って有機体が入ってくるのは、自分の身体を形成してくる。ウイルスやワクチンもそうですけど、少し危険性を孕んだ生きた何かが自分の中に入ってくる動揺や恐怖心さえ、ひょっとしたらなくなっていくのがポストヒューマンの時代なのかもしれない。それを抵抗やこだわりで止めちゃう人もいるだろうし、不安や疑問を混じり合わせながら進む人もいるでしょう。

生駒：白内障になると角膜を取り替える手術も最近では普通になった印象ですね。異物を自分の目に入れるのは、私はゾッとするけどやっていて怖くないのかしらと思うのですが。

毛利：でも量子物理学の世界では、オレンジとアップルが一緒に存在するとか、生きた猫と死んだ猫が一緒に存在するということがあるらしいじゃないですか。量子物理学者は、そうしたことには抵抗はないのですか。

山崎：量子力学では非直感的な概念がたくさん出てくるので、それをわかりやすく説明するためにオレンジとアップルの重ね合わせという表現を用いたりしますが、実際私たちが扱っている量子はあくまで「モノ」なので、人間の身体とか意識とか入ってきた時点で実は量子物理学者としてはお手上げなんです。なので、概念的にはそのような議論をよくするので平気なふりができますが、実際そういうことが起こるとあたふたするのが量子物理学者です。生命とか量子物理学から見たら奇跡の塊ですからね。

森島：装置をつけた妊婦体験として与えられるものは身体的で物質的なものですよね。それに対して読書などで得られるものは精神的で非物質的なもの。逸見さんがポスターで扱ったピアノのエキスパートの動きを取り入れる例は、その両方が入っている。つまり、楽曲を弾くというかなり精神的な部分を、自分の身体である手を使って再現するところに恐ろしさとか、今までにはなかった融合されている部分がある。言ってみれば、そこがポストヒューマン的なのでしょうね。

望月：個人のアイデンティティを作るものの一つとして、個人の体験やスキルとかがあると思います。例えば、自分は水泳部ですけれど、まあ水泳がちょっとできる。もちろんプロではないけど中級者のスイマーという自分のアイデンティティがある。でもドラえもんの道具のように声楽家のように歌が上手くなれる話は、究極的に突き詰めていったら、それがポストヒューマンってことですよね。自分が怖いなと思ったのは、中級者だけどプロの演奏がすぐできるようになった時に、今まで自分が頑張って練習してきた経験とか、スキルが一瞬で上書きされてしまうこと。上手くはなったけど、それまでの自分のアイデンティティを認められるのかどうか、自分らしさが一個減ってしまわないか。

僕の英語にはシンガポール訛りがあって、そういう所も全部消えてしまったら、自分らしさがどんどん減っていくのかなと思いました。

森島：その身体性と精神性が一緒になっているところが人間性なのですよね。まさに、そこに関わるような技術が出現し始めている。それ自体がシンギュラリティだとかポストヒューマンだとは必ずしも思わないけれど、いわゆるポストヒューマン的な雰囲気を持つ技術に過ぎないとは思っています。でもそういうものに対して皆さんが今言っているような反応や恐ろしさを感じている。それは人間性に対する挑戦ではないかもしれないが、少なくとも今言ったように人間性に触れる新しい技術だからかなと思いますね。

逸見：自分らしさって、自分のことを物語としてどう表現するかだと思うんです。そのためにはやはり俯瞰した視野が必要だし、日々の行為による記憶が必要になってくる。そのような自分の物語が、他者の身体性によってどんどんぐちゃぐちゃに滲んでしまうというのが一番現実に近いかな。それに対してどう向き合っていくのかは、今後重要になってくると思います。

毛利：ぐちゃぐちゃにするのは遊びの側面もある。妊婦体験も男性がするのはある意味遊びだと思います。ピアノが弾けない、水泳ができない人がピアノや水泳の達人のスキルをインプットするのも、なることができない自分になる遊びだと思う。カイヨワが『遊びと人間』を書いていますが、「遊び」とはある意味「余裕」だったり、ノモスとカオスの間の「寛容」なんです。自転車のチェーンもピンと張っているのではなく、少しだけたるんだ余裕を「遊び」って呼ぶじゃないですか。身体性と精神性というのは、リアル空間とサイバー空間にも似ていて、両方の間に「遊び」が必要だってことを逸見さんは言っているのかな。

逸見：思考を育むのはやはり自分自身の身体感覚にかなり原因があって、そこから気を発するので、意外と仮想空間でも怪我をしたかのように感じたりできてしまうのですよ。思わず「痛い」って言ってしまったりするぐらい。そこに大きな問題を私自身はあまり感じていなかったのですが、私たちは仮想空間だけでは生きられない。私たちは現実世界に存在して生きているので、仮想空間だけで意識形成するのは非常に危険なことだな

毛利勝彦教授（MORI, Katsuhiko）

と思います。感覚的には、仮想空間の枠組みを超えて現実空間も入った枠組みとして捉える必要があるかなと思います。

――最後に、ポストヒューマン時代をリベラルアーツでどう生きるか、一言でどう表現しますか。

望月：自分は「決断力」だと思います。ICUには、やはり色々な自由がある。他大学と比べても分野の縛りもないですし、学生生活の仕方でも学生寮に入って生活するなど様々な選択肢がある。他大学のカリキュラムでは割と必修科目が決まっている中で、ICUは自由にメジャーを決められる一方で、その分、自分で考えて決めなくてはいけない場面がとても多い。この分野を勉強したいと思っても、その分野に繋がる沢山の分野があって、その中でどれを選択して行くか。どの先生に卒業論文アドヴァイザーになってもらうか。どのような友人と関わっていくか。交換留学に行くならどの大学に行くか。自分が何を学びたいのか、何をしたいのか、何をすべきなのかを自分自身で決断しなくてはいけないところが多い。だから「決断力」です。

サンソーネ：等身大の自分が大きくなっていく感覚が大事かもしれない。どういうことかというと、ディスカッションや授業で自分の主張を話す場では普段の自分よりも数割増しの頭の働き方していると思う。普段は学生寮生活なので、たまに実家に帰って母親から言われて気づいたことですけれど、話を切り返す時のスピードが上がっていたりだとか、角度が違っていたりだとか、話の引き出しが増えたみたいなことを言われました。自分で言うのも恥ずかしいですけど、それってどういうことなのかなって考えたんです。特に何か実りのある会話をしようだとか、相手の意見に対して自分の意見を頑張って出そうなんて考えてはいなくて、むしろ荒削りな意見の出し方をしている。だけど、色々な人たちがいるＩＣＵでこれだけの場数を踏むと、自分が鍛えられているのを感じている。磨けば光るダイヤの原石みたいな。

逸見：一言で言うと「立ち止まる」です。今まで必死に丸呑みじゃないけど、飲み込んでいくことに必死。最初はみんな飲み込むところから始まっていくのですが、飲み込むって時間がかかるので、猪突猛進では行かずに、立ち止まって消化する。自分の意見をいっぱいいっぱい言うのも違う。どう話していくべきなのかも、立ち止まって考える必要がある。ただ「はい」って言えばいい話ではなく、きちんと筋道立てるなら、立ち止まって今どこに居るのかを考える必要がある。

丸呑みだった自分から自分の声を探して、あとは自分の声が段々分かるようになったはいいが、爆音で歌ってもしょうがない。皆んながちゃんと聞けるようなメロディじゃないといけないし、合唱できないないといけないんだと思います。

笹岡：解放と強さかなって思っています。何かやりたいことがあればやれる自由はある。それを決めることも必要で、自分自身で管理することも必要だし、人間関係もちゃんとする必要もあるので、いろいろな強さが必要です。全部するのは難しいけれど、そうした強さを必要とする自由が解放かなって私は思います。ＩＣＵのコミュニティは小さいけれど開放的。知っている人がクラスにいる中で、わざと知らない人に話しかける。そのように自分を新しい開放された場所に放り出して、自分自身を解放させていくみたいな感じです。縮こまって存在を消して授業受けようかなって思う一方で、やっぱり話したことがない人に話しかけに行く。新しい自分を開放されたコミュニティに解放していく。それを繰り返して行くうちに、自分の人格が新しい次元に解放されていく場です。

毛利：自由とは「自らの存在理由」だって言った人もいました。自分自身、そして自分たちの社会や自然の本来の姿を解放するまで彫り抜くのがリベラルアーツの本質なのだと思います。

執筆者プロフィール（執筆章順）

生駒夏美（IKOMA, Natsumi）
国際基督教大学教授（文学、ジェンダー・セクシュアリティ研究）、教養学部長。東京大学文学部卒、京都大学大学院文学研究科修了、ランカスター大学大学院人文社会科学研究科修了（M .A.）、ダラム大学大学院芸術人文科学研究科修了（Ph.D.）。専門は現代英文学、フェミニズム理論、比較文学、ジェンダー論。

毛利勝彦（MORI, Katsuhiko）
国際基督教大学教授（政治学、国際関係学、グローバル研究）、アドミッションズ・センター長、社会科学研究所長。横浜市立大学文理学部卒、国際大学大学院国際関係学研究科修了（M.A.）、カールトン大学大学院政治学研究科修了（Ph.D.）。専門は国際政治経済学、地球環境と持続可能な開発、グローバル・ガバナンス論。

やまざき・れきしゅう（YAMAZAKI, Rekishu）
国際基督教大学准教授（物理学）、生涯学習プログラム主任。ゴーシェン大学教養学部卒、パデュー大学大学院理学研究科修了（M.S., Ph.D.）。専門は量子エレクトロニクス、量子情報。

小瀬博之（KOSE, Hiroyuki）
国際基督教大学教授（生物学）。京都大学農学部卒、イリノイ大学アーバナ・シャンペン校大学院生化学研究科修了（Ph.D.）。専門は分子生物学、発生生物学、実験動物学。

森島泰則（MORISHIMA, Yasunori）
国際基督教大学教授（心理学）、大学院心理・教育学専攻主任。慶應義塾大学文学部卒、コロラド大学ボウルダー校大学院言語学研究科修了（M .A.）、同大学院心理学研究科修了（Ph.D.）。専門は認知心理学、認知科学、言語心理学。

編著者

生駒夏美（いこま　なつみ）

リベラルアーツで学ぶポストヒューマン

2024年1月12日　　初　版第1刷発行　　〔検印省略〕

＊本体価格はカバーに表示してあります。

編著者©生駒夏美／発行者　下田勝司　　印刷・製本／中央精版印刷

東京都文京区向丘1-20-6　　郵便振替00110-6-37828
〒113-0023　TEL（03）3818-5521　FAX（03）3818-5514

発行所
株式会社 東信堂

published by TOSHINDO PUBLISHING CO., LTD.
1-20-6, Mukougaoka, Bunkyo-ku, Tokyo, 113-0023, Japan
E-mail: tk203444@fsinet.or.jp　URL: http://www.toshindo-pub.com/

ISBN978-4-7989-1880-8　C3000　©IKOMA, Natsumi

東信堂

リベラルアーツで学ぶポストヒューマン	生駒夏美編著	二二〇〇円
リベラル・アーツの源泉を訪ねて	絹川正吉	三二〇〇円
「大学の死」、そして復活	絹川正吉	二八〇〇円
大学教育の思想—学士課程教育のデザイン	絹川正吉	二八〇〇円
多視点性と成熟—学び・交流する場所の必要性	内田樹	九〇〇円
「持続可能性」の言説分析—知識社会学の視点を中心として	山田肖子編著	一八〇〇円
企業が求める〈主体性〉とは何か—教育と労働をつなぐ〈主体性〉言説の分析	武藤浩子	三二〇〇円

東信堂ブックレット

①迫りくる危機『日本型福祉国家』の崩壊—北海道辺境の小規模自治体から見る	北島滋	一〇〇〇円
②教育学って何だろう—受け身を捨てて自律する	福田誠治	一〇〇〇円
③北欧の学校教育とWell-being—PISAが語る子どもたちの幸せ感	福田誠治	一〇〇〇円
④CEFR(セファール)って何だ—インクルーシブな語学教育	福田誠治	九〇〇円
⑤戦後日本の大学教育の回顧と展望—自分史と重ねて	絹川正吉	一〇〇〇円
⑥教養と大学スタッフ	絹川正吉	一〇〇〇円

越境ブックレットシリーズ

⓪教育の理念を象る—教育の知識論序説	田中智志	一二〇〇円
①知識論—情報クラウド時代の〝知る〟という営み	山田肖子	一〇〇〇円
②女性のエンパワメントと教育の未来—知識をジェンダーで問い直す	天童睦子	一〇〇〇円
③他人事≒自分事—教育と社会の根本課題を読み解く	菊地栄治	一〇〇〇円
④食と農の知識論—種子から食卓を繋ぐ環世界をめぐって	西川芳昭	一〇〇〇円

※定価：表示価格（本体）＋税

〒113-0023　東京都文京区向丘 1-20-6　TEL 03-3818-5521　FAX03-3818-5514
Email tk203444@fsinet.or.jp　URL:http://www.toshindo-pub.com/